Collection
PROFIL LIT
dirigée par Georges D[...]

Série
PROFIL D'UNE ŒUVRE

D0838022

Tartuffe (1669)

MOLIÈRE

Résumé
Personnages
Thèmes

JEAN-BENOÎT HUTIER
agrégé de l'université

HATIER

Dans la collection « Profil », titres à consulter dans le prolongement de cette étude sur *Tartuffe*

• Sur Molière et son œuvre

• Sur la comédie et le comique

• Sur le thème de la religion

• Profil 1000, « Guide des Profils »

Guide pour la recherche des idées, des thèmes et des références à partir de la collection « Profil ».

© HATIER, PARIS, SEPTEMBRE 1993   ISSN 0750-2516   ISBN 2-218-**06837**-0

SOMMAIRE

Fiche Profil

Tartuffe (1669)

MOLIÈRE
(1622-1673)

THÉÂTRE XVIIᵉ
COMÉDIE

1. RÉSUMÉ

– **Acte I :** Catholique sincère mais naïf, Orgon s'est laissé subjuguer par Tartuffe dont il admire la foi profonde. Or ce dernier n'est qu'un hypocrite intéressé par la fortune d'Orgon. Malgré l'hostilité de sa propre famille qui a percé les manœuvres de Tartuffe, Orgon l'a recueilli et a fait de lui son confident et son maître à penser.

– **Acte II :** Orgon décide même de lui faire épouser sa fille Mariane, pourtant fiancée à Valère.

– **Acte III :** Tartuffe préfère, quant à lui, courtiser Elmire, la femme d'Orgon. Il tente en vain de la séduire. Averti par son fils Damis qui a surpris Tartuffe en flagrant délit d'imposture, Orgon refuse pourtant de croire à la scélératesse de son protégé. Tartuffe retourne la situation à son avantage. Orgon chasse, puis déshérite son fils qui a osé accuser Tartuffe ! Il veut dès lors imposer à tous son autorité. Le mariage de Tartuffe et de Mariane, décide-t-il, aura lieu le soir même.

– **Acte IV :** Elmire se résout alors à agir. Cachant Orgon sous une table, elle convoque Tartuffe qui, bientôt amadoué, s'empresse de lui faire une cour de plus en plus poussée. Ulcéré et détrompé, Orgon lui ordonne de quitter les lieux. Trop tard ! Tartuffe, à qui Orgon a fait dans l'après-midi une donation de ses biens, est le propriétaire légal de la maison.

– **Acte V :** Un huissier de justice vient d'ailleurs signifier à Orgon et à sa famille leur prochaine expulsion. Abusant une fois encore de la crédulité de son bienfaiteur qui lui a remis des papiers politiquement compromettants, Tartuffe le fait poursuivre par la police comme un criminel. On vient bientôt pour l'arrêter. Coup de théâtre : c'est Tartuffe qui est conduit en prison sur ordre personnel du roi qui a reconnu en lui un escroc de vieille date. Chacun pousse un soupir de soulagement. Mariane pourra épouser Valère.

2. LES PERSONNAGES PRINCIPAUX

– **Tartuffe,** escroc et hypocrite.

– **Orgon,** homme d'âge mur, croyant mais crédule jusqu'à l'aveuglement.

– **Madame Pernelle,** mère d'Orgon, austère, autoritaire et obstinée, subjuguée elle aussi par Tartuffe.

– **Elmire,** seconde femme d'Orgon, mondaine, raisonnable et habile.

– **Mariane,** fille d'Orgon, amoureuse de Valère.

– **Damis,** fils d'Orgon, jeune homme sympathique mais emporté.

– **Dorine,** servante de Mariane, dévouée et intelligente.

– **Cléante,** frère d'Elmire et beau-frère d'Orgon, raisonnable et pondéré.

3. LES THÈMES

1. L'hypocrisie.
2. La satire de la fausse dévotion.

4. QUATRE AXES DE LECTURE

1. Une satire de la fausse dévotion
Tartuffe dénonce un vice courant au XVIIe siècle. Pour cette raison, la comédie déclencha un énorme scandale et elle fut longtemps interdite. Molière dut lutter cinq ans pour la faire jouer.

2. Une pièce comique
Malgré son thème fort sérieux et grave, *Tartuffe* reste une pièce comique, dans laquelle Molière déploie toutes les techniques propres à provoquer le rire.

3. Une comédie classique
Respectant l'unité de temps, de lieu et d'action, *Tartuffe* est conforme à la doctrine classique.

4. Une comédie comportant des éléments baroques
Malgré sa construction classique, *Tartuffe* privilégie l'apparence au détriment de l'être, le jeu aux dépens de la vérité et de la réalité. Ce sont des caractéristiques baroques.

1 Tartuffe dans la carrière de Molière

Quand Molière crée *Tartuffe* le 5 février 1669, il a 47 ans. C'est alors un dramaturge[1] expérimenté.

Les Précieuses ridicules lui ont valu son premier grand succès en 1659. *L'École des femmes* (1662), *Le Misanthrope* (1666), *Amphitryon* (1668), *L'Avare* (1668) ont depuis assis sa réputation. Il a renouvelé le genre théâtral de la comédie qui se cantonnait trop souvent dans un comique facile ou grossier. La comédie s'est élevée, avec lui, au rang de comédie de mœurs et de caractère[2], rivalisant en dignité et en prestige avec la tragédie.

▬▬▬ LA BATAILLE DE « TARTUFFE »

Molière a dû pourtant lutter pas à pas pour s'imposer. Presque toutes ses pièces ont suscité des remous et des critiques. Mais aucune n'en a soulevé autant que *Tartuffe*. Cette œuvre a pour personnage principal un faux dévot[3], Tartuffe, qui donne son nom à la pièce. Dans la France majoritairement catholique du XVIIe siècle, porter à la scène le thème de l'hypocrisie religieuse était une périlleuse entreprise. Le risque était grand de se heurter à l'hostilité des faux dévots, ulcérés d'être démasqués, mais aussi à celle des vrais dévots, indignés ou inquiets qu'on soupçonne par amalgame et confusion la sincérité de leur foi.

---

1. Un dramaturge est un auteur de pièces de théâtre.
2. Une comédie de mœurs ridiculise les habitudes des gens (comme *Les Précieuses ridicules*); une comédie de caractère vise, comme son nom l'indique, les travers d'un caractère (*L'Avare*, par exemple).
3. Un dévot est une personne qui a une foi vive et qui pratique scrupuleusement les rites de sa religion. Le faux dévot en est la caricature puisqu'il simule par intérêt des sentiments religieux.

Un tel sujet pouvait aisément passer pour de la provocation ou pour un sacrilège [1].

Tartuffe engendra de fait un énorme scandale, devint même une affaire d'État, où l'Église intervint, où Louis XIV en personne fut mêlé. Ce n'est qu'au bout de cinq ans d'interdiction et après l'avoir deux fois réécrite que Molière put enfin faire jouer sa pièce. L'histoire littéraire a retenu ce long combat de Molière sous l'appellation traditionnelle de « bataille de *Tartuffe* », dont il importe de retracer les épisodes les plus marquants.

▬▬▬ LA PREMIERE VERSION DE « TARTUFFE »

La première version de *Tartuffe* a été représentée pour la première et unique fois le 12 mai 1664 à Versailles devant Louis XIV et sa cour. Le texte n'en ayant pas été conservé, on en ignore le détail précis. À en croire toutefois le témoignage des contemporains [2], la pièce portait en sous-titre : « L'hypocrite ». Comprenant trois actes, sans doute déjà proches des trois premiers actes de la version définitive, elle était inachevée [3]. Tartuffe y portait le vêtement d'un futur moine mineur [4].

Les réactions furent de deux sortes. Louis XIV approuva sans réserve. Mais les dévots s'insurgèrent; et, sous leur pression [5], le roi dut se résigner à interdire toute représentation publique de la pièce, qualifiée d' « absolument inju-

---

1. Un sacrilège consiste à traiter avec mépris des choses saintes et sacrées.
2. En particulier, le comédien La Grange qui tint le *Registre* des représentations données par la troupe de Molière entre 1659 et 1685.
3. Molière avait en effet voulu jouer ce premier *Tartuffe* dans le cadre d'une somptueuse fête (dite des « Plaisirs de l'Île enchantée ») donnée par Louis XIV à Versailles. Il n'avait pas eu le temps de la terminer. Mais il avait quatre jours auparavant (le 8 mai) fait jouer une autre de ses pièces, complète celle-là : *La Princesse d'Élide*.
4. Un moine mineur occupait des fonctions subalternes dans un couvent. Celui qui souhaitait devenir moine portait au XVIIᵉ siècle un costume particulier.
5. Sur la puissance et l'influence des dévots à cette époque, voir p. 13 à 14.

rieuse à la religion et capable de produire de très dangereux effets[1] ».

Molière riposta par un *Placet*[2] dans lequel il se défendit
au nom même de la morale : « Le devoir de la comédie, y
écrit-il, étant de corriger les hommes en les divertissant,
j'ai cru que je n'avais rien de mieux à faire que d'attaquer
par des peintures ridicules les vices de mon siècle; et
comme l'hypocrisie en est un des plus en usage, des plus
incommodes et des plus dangereux, j'avais eu la pensée
que je ne rendrais pas un petit service à tous les honnêtes
gens si je faisais une comédie qui décriât les hypocrites. »

Ses efforts furent vains. Il est menacé du bûcher par
ses adversaires les plus virulents! *Tartuffe* resta interdit.

■■■ DE « DOM JUAN »
AU DEUXIÈME
« TARTUFFE »

Molière ne renonce pas pour autant. L'année suivante,
en 1665, il crée *Dom Juan*. L'histoire de ce personnage
qui n'a ni foi ni loi, qui multiplie les aventures galantes et
les mariages et qui meurt foudroyé par le « Ciel[3] », n'est
pas de son invention. Des dramaturges espagnols, italiens
et français l'avaient traitée avant lui. Mais tout à son combat pour *Tartuffe,* il en modifie l'intrigue. Sous sa plume,
don Juan devient à son tour un faux dévot pour échapper à
la police, car, dit-il à son valet, « l'hypocrisie est un vice privilégié, qui, de sa main, ferme la bouche à tout le monde
et jouit en repos d'une impunité souveraine » (*Dom Juan,*
V, 2). L'allusion aux dévots qui, ne distinguant pas (ou feignant de ne pas distinguer) entre la vraie dévotion et ses
contrefaçons, avaient obtenu l'interdiction de *Tartuffe*,
était transparente. Molière récidivait dans ses attaques. La
réaction ne se fit pas attendre : *Dom Juan* fut censuré.

---

1. *Gazette* (journal mondain) du 17 mai 1664.
2. Un *Placet* est une demande faite par écrit pour obtenir une
grâce ou une faveur. Ce *Placet* et les deux autres qui suivirent,
figurent dans toutes les éditions de la pièce.
3. Les bienséances interdisaient qu'un personnage de comédie
parle de « Dieu ». Les auteurs contournaient l'interdit en
employant le mot « Ciel » qui, avec une majuscule, en était le
synonyme.

Deux ans plus tard, en 1667, Molière présente une deuxième version de *Tartuffe*[1]. Il en change le titre : la pièce s'appelle désormais *L'Imposteur;* Tartuffe se nomme Panulphe, et il porte un costume civil. L'action se déroule sur cinq actes, et elle s'achève par la défaite de l'hypocrite. Ces modifications ne désarment pas l'hostilité des dévots. Dès le lendemain, toute représentation de la pièce est interdite. Molière rédige aussitôt un deuxième *Placet*[2]. Toujours en vain.

■■■■■■ LE « TARTUFFE » DÉFINITIF

Molière modifie de nouveau son texte, en l'allégeant de quelques scènes. Cette troisième et dernière version est enfin autorisée en 1669. La raison en est due à l'évolution progressive du climat politique et moral de la France.

En 1666, s'était éteinte la mère de Louis XIV, la très pieuse reine Anne d'Autriche. Le cercle d'intimes qui gravitaient autour d'elle, avait peu à peu perdu toute influence. Cette perte de crédit s'était manifestée quelques semaines seulement après la mort de la Reine par la dissolution, sur ordre de Louis XIV, de la très puissante Compagnie du Saint-Sacrement[3] qui regroupait les dévots les plus actifs. Avec elle, disparaissait le clan le plus hostile à Molière. Un premier obstacle était levé. C'était encore insuffisant, puisque *L'Imposteur* (la deuxième version de *Tartuffe*) était resté interdit.

L'élément décisif fut la signature, le 3 février 1669, de ce qu'on appelle la « Paix de l'Église ». Cette « paix » mettait fin à un débat qui opposait depuis de longues années Louis XIV au Pape. Ce dernier souhaitait une condamnation radicale du jansénisme[4], qui s'était développé en France. Pour ne pas accroître les vives tensions qui déchiraient à ce propos le clergé français dans son ensemble,

---

1. Cette version de Tartuffe est connue grâce à l'auteur anonyme d'une *Lettre sur la comédie de l'Imposteur.*
2. Voir p. 9, note 2.
3. Sur la Compagnie du Saint-Sacrement, voir p. 13.
4. Du nom de Jansénius (théologien hollandais, 1585-1638) qui professait des idées religieuses austères et rigoristes, notamment sur la prédestination.

Louis XIV était favorable à moins d'intransigeance et penchait pour une solution de compromis. Un accord avait fini par être trouvé entre Paris et Rome. La situation devenait plus calme et Louis XIV pouvait permettre à Molière de jouer *Tartuffe*. Molière rédige aussitôt un troisième *Placet*[1] au Roi, dans lequel il exulte de reconnaissance.

Créée le 5 février 1669, la pièce remporta un succès d'autant plus grand que sa longue interdiction avait attisé la curiosité et qu'elle en avait constitué la meilleure publicité qui fût. Molière se hâta de confier son texte à un imprimeur pour en assurer la diffusion la plus large. Avec une rapidité exceptionnelle pour l'époque, *Tartuffe* sort en librairie le 23 mars 1669. Publiée, l'œuvre était désormais à l'abri de toute censure. Molière devait mourir quatre ans plus tard en 1673, non sans avoir écrit quatre autres chefs-d'œuvre[2].

---

1. Voir p. 9, note 2.
2. *Le Bourgeois gentilhomme* en 1670, *Les Fourberies de Scapin* en 1671, *Les Femmes savantes* en 1672, et enfin *Le Malade imaginaire* en 1673.

2 Dévotion et hypocrisie religieuse au XVIIᵉ siècle

Tartuffe n'aurait pas provoqué tant de remous si la pièce n'avait mis en cause des pratiques et des attitudes courantes au XVIIᵉ siècle. C'est pourquoi la connaissance, même succincte, du climat historique et religieux s'impose. Elle permettra de mesurer à la fois l'audace de Molière et l'actualité de *Tartuffe* au XVIIᵉ siècle.

██████ UN SIÈCLE TRÈS RELIGIEUX

Si le XVIIᵉ siècle connut ses excès de débauche (on disait alors de libertinage), il fut aussi et surtout un siècle très religieux. L'Église catholique est alors influente : les ordres religieux ou monastiques [1], comme les Jésuites ou les Capucins, débordent d'activité et de zèle; et de nombreux livres de spiritualité paraissent.

Parallèlement, les œuvres de charité se multiplient. Créée par Louis XIII, le 27 mai 1631, la Compagnie du Saint-Sacrement (qui, plus tard, s'opposera violemment à Molière et à la représentation de *Tartuffe*) rassemble l'élite des chrétiens influents, fondant hôpitaux et écoles. Son supérieur [2], Gaston de Renty (1611-1649), est unanimement considéré pour la foi qui l'anime et il demeurera dans le souvenir de ses contemporains comme l'image du « parfait chrétien ».

Des figures rayonnantes de sainteté surgissent. Saint Vincent de Paul (1581-1660) fonde plusieurs institutions

---

1. Un ordre religieux est une communauté d'hommes (ou de femmes) qui vouent toute leur vie à Dieu sans pour autant être prêtres, comme c'est le cas, par exemple, des moines.
2. Le supérieur d'un ordre religieux est celui qui le dirige.

charitables (l'Œuvre des Enfants trouvés, l'hôpital de La-Charité-de-l'Hôtel-Dieu); saint Jean Eudes (1601-1680) crée de son côté l'Institut du Bon-Pasteur destiné à recueillir les prostituées.

À la Cour même, pourtant lieu des intrigues et des plaisirs, la dévotion est réelle : le roi Louis XIII fut un roi pieux; Anne d'Autriche, son épouse et mère de Louis XIV, soutient activement la Compagnie du Saint-Sacrement; quant à Louis XIV, il ne cesse, même durant sa jeunesse libertine, de croire en Dieu et d'aller à la messe.

Le XVIIe siècle a vibré d'une spiritualité intense. La dévotion d'Orgon ne présente à cet égard rien d'exceptionnel.

■■■ LA COMPAGNIE DU SAINT-SACREMENT

Cette ferveur dans la dévotion et ce zèle dévot sont en eux-mêmes respectables. Au XVIIe siècle, pourtant, ils dégénèrent très vite. Dans son désir de réformer la société et de la rendre plus conforme aux exigences du christianisme, la Compagnie du Saint-Sacrement avait établi dans toutes les grandes villes de France un réseau de surveillance de la population. Ses membres n'hésitaient pas à dénoncer à la justice ceux qui étaient trop débauchés, qui blasphémaient ou qui se battaient en duel. Leur influence était telle qu'il leur était facile d'emprisonner qui ils voulaient et même obtenir des condamnations à mort [1]. La Compagnie du Saint-Sacrement avait ainsi un double visage : charitable et policier.

Inquiétant pour les particuliers, ce fanatisme s'avérait redoutable pour l'État. Après avoir été hostile au ministre Richelieu, la Compagnie du Saint-Sacrement avait milité, sous la Fronde [2], contre Mazarin. Le pouvoir politique ne pouvait que s'inquiéter de l'existence d'une telle Compagnie. En août 1660, Mazarin, alors ministre tout-puissant de la France, s'inquiétait que « la noblesse s'assembl[ât] en secret », et il se plaignait que « c'était sans doute des

---

1. Citons quelques exemples parmi d'autres : le 8 mars 1655, un certain Claude Poulain est ainsi pendu à Senlis; en août 1655, Pierre Bernier subit la même peine « pour avoir juré et blasphémé le Saint Nom de Dieu en jouant aux cartes ».
2. Sur la Fronde, voir p. 23, note 1.

gens mal-contents et chagrins qui cabalaient quelque chose contre le service du roi et qu'il était nécessaire d'y mettre ordre, que tous ces dévots étaient intéressés et ambitieux[1] ». Le 13 décembre 1660, il faisait interdire les réunions de la Compagnie qui n'auraient pas été au préalable autorisées par le roi. C'était entraver les activités de la Compagnie. Celle-ci ne disparut pas complètement : endormie, elle demeurait toujours prête à se manifester. C'est elle qui obtiendra en 1664 l'interdiction de jouer *Tartuffe*.

▮▮▮▮ L'HYPOCRISIE RELIGIEUSE : UN SUJET SENSIBLE

Dans ce contexte, *Tartuffe* ne pouvait que soulever l'indignation des dévots extrémistes. Comme la Compagnie du Saint-Sacrement recrutait surtout dans l'aristocratie, feindre d'appartenir à ses rangs s'avérait le plus sûr moyen de s'avancer et de réussir dans le « monde ». La pièce de Molière montrait au grand jour que toute dévotion n'était pas obligatoirement sincère, qu'elle pouvait en être une contrefaçon pour des motifs peu avouables.

Par ailleurs, Molière montrait (avec Orgon) que la dévotion pouvait conduire aux pires égarements. Il avertissait d'un danger qui n'avait rien d'imaginaire. À l'exemple de Tartuffe, nombre de « directeurs de conscience[2] » s'arrangeaient pour récupérer à leur profit tout ou partie de la fortune de ceux qu'ils conseillaient.

En écrivant *Tartuffe,* Molière traitait donc un sujet sensible. La dévotion et sa caricature, la fausse dévotion, avaient trop d'implications individuelles et politiques pour que sa pièce passât inaperçue. On comprend ainsi mieux pourquoi il écrit dans sa Préface que l'hypocrisie est « dans l'État, d'une conséquence bien plus dangereuse que tous les autres vices ».

---

1. Cité (dans F. Baumal, *Tartuffe et ses avatars*), Paris, 1925, p. 153.
2. Sur les « directeurs de conscience », voir p. 31-32.

3 Résumé

L'action se déroule à Paris dans le salon de la maison d'Orgon, à une date que le texte ne précise pas, mais qui est à peu près contemporaine de la création de la pièce, c'est-à-dire des années 1664-1669.

ACTE I

Scène 1 : Madame Pernelle, mère d'Orgon, en visite chez son fils, explose de colère. Dévote, elle soutient aveuglément Tartuffe qu'elle considère comme un saint. Approuvant Orgon de l'avoir recueilli et installé chez lui, elle se scandalise du fait que les autres membres de la famille puissent soupçonner Tartuffe d'hypocrisie. Sous le coup de l'indignation, elle dit vertement à chacun sa pensée. Elmire, sa belle-fille (et seconde femme d'Orgon), lui paraît trop frivole et trop mondaine. Damis, son petit-fils, lui semble un « sot » (v. 16) et un « méchant » garçon (v. 19). Mariane, sa petite-fille, est à ses yeux une dissimulée. À l'en croire, Cléante, le frère d'Elmire, est un libertin[1]. Quant à Dorine, la servante vive et dévouée de Mariane, elle la trouve impertinente et « un peu trop forte en gueule » (v. 14).

Après avoir ainsi déversé ce qu'elle avait « sur le cœur » (v. 40), Madame Pernelle sort en se promettant de ne plus revenir chez son fils et en poussant devant elle Flipote, sa servante, qu'elle gifle et injurie, parce que la malheureuse tarde trop à son gré. Poliment, Elmire, Mariane et Damis la raccompagnent jusqu'à la porte.

---

1. Au XVIIe siècle, un libertin est un homme qui ne croit pas en Dieu. En fait, comme la suite le montrera, Cléante est catholique. Mais comme il n'admire pas Tartuffe, il passe pour un libertin dans l'esprit de Madame Pernelle et de son fils.

Scène 2 : Resté seul avec Dorine, Cléante est tout abasourdi : pourquoi Tartuffe est-il le centre de discussions aussi passionnées ? Dorine lui explique qu'Orgon admire aveuglément Tartuffe. Il l'entoure de mille attentions; il l'appelle son « frère » (v. 185); il lui donne la meilleure place à table; il a fait de lui son confident et son maître à penser; il lui obéit en tout et le laisse même diriger la maison. Bref, c'est son « héros » (v. 195). Dorine avoue ne plus comprendre Orgon qui, avant d'héberger Tartuffe, était un homme sage et raisonnable. Comment ne s'aperçoit-il pas qu'il vénère un faux dévot et un imposteur ?

Scène 3 : Le retour d'Elmire et de Damis, qui ont raccompagné Madame Pernelle, interrompt leur conversation. Elmire leur annonce l'arrivée imminente d'Orgon, absent depuis deux jours de Paris pour un voyage d'affaires. Encore mal remise d'un malaise qu'elle a eu la veille, elle se retire aussitôt dans sa chambre pour s'y reposer et pour y attendre la visite de son mari. Cléante demeure au salon pour saluer Orgon à son retour. Damis le prie d'intervenir auprès de son père en faveur du mariage de Mariane et de Valère. Il a remarqué que Tartuffe s'y oppose depuis quelque temps; et il redoute qu'Orgon, trop influençable, n'y fasse obstacle à son tour. Damis s'éloigne discrètement.

Scène 4 : Voici justement Orgon qui, se souciant peu de Cléante, s'informe auprès de Dorine de ce qui s'est passé chez lui durant sa brève absence. Dorine lui apprend qu'Elmire a été souffrante. « Et Tartuffe ? », lui demande aussitôt Orgon. Comme elle lui dit qu' « il se porte à merveille » (v. 233), Orgon s'exclame : « Le pauvre homme ! » (v. 235). Dorine insiste, lui fournit de plus amples détails sur le malaise d'Elmire. Comme si la santé de sa femme ne l'intéressait pas, Orgon plaint à chaque fois Tartuffe en soupirant : « Le pauvre homme ! » Dorine se retire pour, dit-elle ironiquement[1], annoncer à Elmire combien son mari s'inquiète d'elle.

---

1. L'ironie est une raillerie qui consiste à dire le contraire de ce qu'on veut faire comprendre. Dorine est ironique en parlant de la sollicitude d'Orgon pour sa femme puisqu'il vient précisément de montrer que les ennuis de santé d'Elmire ne le troublent pas.

Scène 5 : Désormais seul avec Orgon, Cléante lui fait part de sa stupéfaction : est-il convenable de se préoccuper si peu de sa femme ? Orgon lui coupe vivement la parole. Depuis qu'il connaît Tartuffe et qu'il suit ses « leçons » (v. 273), il goûte une profonde paix intérieure en ne songeant plus qu'au salut de son âme. Tartuffe lui enseigne à ne s'attacher à rien ni à personne. Et Orgon conclut qu'il verrait « mourir frère, enfants, mère et femme » (v. 278) sans en éprouver le moindre chagrin.

Comme Cléante lui objecte que c'est se montrer inhumain, Orgon lui vante la sainteté de Tartuffe qui n'aime que Dieu. Cléante le met en garde contre les faux dévots[1] qui affectent la foi pour mieux duper les vrais croyants. Un bon chrétien, ajoute-t-il, ne manifeste pas d'indifférence envers sa famille. Orgon refuse d'engager un débat. Cléante lui rappelle alors qu'il a donné son accord au mariage de Valère et de Mariane. Quand celui-ci aura-t-il lieu ? Orgon s'entoure de mystère et quitte brusquement son beau-frère.

▮▮▮▮ ACTE II

Scène 1 : Orgon annonce à Mariane son intention de la marier à Tartuffe. La jeune fille proteste. Mais il ne veut rien savoir. Sa décision est irrévocable.

Scène 2 : Dorine, qui traverse le salon à ce moment-là, intervient dans la conversation. Dans l'espoir de faire prendre conscience à Orgon du ridicule de son projet, elle feint d'abord de croire qu'il plaisante. Aucune personne sensée, dit-elle, n'aurait l'idée d'un tel mariage. Ce ne peut donc être qu'une mauvaise farce. Orgon se fâche. Son dessein est au contraire des plus sérieux.

Dorine change alors de tactique. Orgon a-t-il songé aux inconvénients et aux dangers d'une telle union ?

Tartuffe n'est pas, à l'évidence, l'époux qui convient à Mariane; et pourquoi Orgon, qui est riche, souhaite-t-il à toute force un gendre pauvre ? Orgon lui réplique que si Tartuffe est pauvre d'argent, il est riche de vertus. N'est-ce pas le plus important ? Orgon souligne qu'il est juste-

---

1. Sur ce qu'est un faux dévot, voir p. 7, note 3.

ment assez riche pour subvenir aux besoins du jeune ménage. Dorine lui fait comprendre qu'à marier une fille contre son gré, on risque de la rendre infidèle à son mari. La responsabilité morale de l'adultère reviendrait à Orgon. Celui-ci, de plus en plus irrité, s'impatiente. Avec Tartuffe, dit-il, Mariane mènera une vie sage et vertueuse. C'est pourquoi il ne veut pas qu'elle épouse Valère qu'il soupçonne de jouer et de ne pas souvent aller à la messe. Dorine persiste : si Mariane devient la femme de Tartuffe, elle le fera cocu ! Orgon, cette fois, s'emporte : si elle dit un mot de plus, il la gifle ! Mais quand il s'adresse à sa fille, Dorine ne peut s'empêcher de parler. La gifle part et... manque son but. Excédé, Orgon s'en va, laissant Dorine et Mariane en tête-à-tête.

Scène 3 : Dorine juge le silence de Mariane (qui n'a effectivement rien dit durant la scène précédente) incompréhensible. Celle-ci lui avoue qu'accablée, elle n'a pas eu la force de prononcer la moindre parole; et que faire contre la volonté d'un père[1] ? Réfléchir ! lui rétorque Dorine. Puisqu'elle aime Valère, qu'espère-t-elle gagner à se taire ? Mariane lui confie son intention de se suicider si elle est contrainte d'épouser Tartuffe. Dorine la pousse à se révolter, à réagir. En vain. Mariane ne conçoit pas de s'opposer à son père : c'est à Valère, et à lui seul, d'obtenir sa main d'Orgon. Devant tant de passivité, Dorine perd patience. Qu'elle épouse donc son Tartuffe ! Mariane la supplie de l'aider plutôt que de l'abandonner à son triste sort. Émue, Dorine se radoucit, suggère qu'on peut adroitement... La venue soudaine de Valère ne lui laisse pas le temps d'en dire davantage.

Scène 4 : Valère accourt en effet, en proie à la plus vive inquiétude. Le projet d'Orgon, qu'il vient d'apprendre, est-il bien réel ? Mariane lui confirme que son père lui a bien ordonné d'épouser Tartuffe. Comme elle précise qu'elle ne sait pas quelle attitude adopter, Valère se méprend sur le sens des paroles de Mariane. Il la croit déjà résignée à se marier avec Tartuffe.

Un malentendu s'installe entre les deux jeunes gens. Blessé, Valère cache son désespoir en lui conseillant

---

1. Au XVIIᵉ siècle, les mariages arrangés par les familles étaient très fréquents.

d'obéir à son père et d'épouser Tartuffe. Mariane, qui pense que Valère parle sérieusement, dissimule à son tour sa déception en lui disant qu'elle va suivre son conseil. Le ton monte bientôt entre eux. Chacun accuse l'autre de ne pas l'avoir vraiment aimé. C'est la rupture.

Valère se dirige vers la porte, quand Dorine l'arrête par le bras, le ramène près de Mariane, qui s'enfuit, qu'elle retient. Dorine les réunit enfin face à face et elle leur fait reconnaître qu'ils s'aiment toujours. Elle les persuade en conséquence de résister aux folles intentions d'Orgon. Il faudra dans un premier temps multiplier les obstacles et les retards : Mariane pourra, par exemple, simuler une maladie; il conviendra de solliciter l'aide de Cléante et d'Elmire, tous deux fort hostiles à Tartuffe. Quelque peu rassurés, Valère et Mariane se retirent.

▬▬▬▬ ACTE III

Scène 1 : Damis, le frère de Mariane, apparaît. Le projet de marier sa sœur à Tartuffe le met dans un tel état d'emportement qu'il est prêt à faire n'importe quoi. Dorine le calme et le persuade de laisser faire Elmire pour qui, pense-t-elle, Tartuffe pourrait bien avoir une « douceur de cœur » (v. 837). Mais voici Tartuffe ! De peur de ne pas rester maître de soi, Damis s'éloigne.

Scène 2 : Tartuffe aperçoit Dorine, mais affecte de ne pas la voir. D'une voix forte (pour que Dorine l'entende), il crie à son valet Laurent (resté dans les coulisses) de ranger sa « haire » et sa « discipline[1] ». Lui va de ce pas visiter des prisonniers (ces visites faisaient à l'époque partie des devoirs de tout bon chrétien). Dorine ne se laisse pas abuser par les propos trop sonores de Tartuffe. Un vrai dévot serait en effet plus discret. Aussi l'accuse-t-elle d'hypocrisie. Tartuffe feint alors de découvrir seulement sa

---

1. La « haire » est une chemise en crin qui irrite la peau et qui l'ensanglante si on la porte longtemps. La « discipline » est un fouet. Il s'agit dans les deux cas de se punir de ses propres péchés en s'infligeant des souffrances physiques. Tartuffe tient ainsi à faire savoir qu'il fait pénitence avec rigueur. Il n'en est rien en réalité. Son « teint frais » (v. 234) prouve en effet qu'il ment.

présence. C'est pour tirer immédiatement un mouchoir de sa poche afin qu'elle en couvre son décolleté [1]. La vision d'un sein, explique-t-il, choque la pudeur. Dorine se moque de lui : résisterait-il si peu à la tentation de la chair ? Pour toute réponse, Tartuffe tourne les talons. Dorine lui annonce alors qu'Elmire désire le rencontrer en particulier. Tartuffe revient aussitôt sur ses pas et se radoucit. Dorine disparaît.

Scène 3 : Tartuffe accueille Elmire avec des souhaits de bienvenue. Il se réjouit de la voir en meilleure santé, sans avoir cependant l'orgueil de penser que le « Ciel » ait exaucé les prières qu'il a faites pour son rétablissement. Elmire l'invite à s'asseoir. Tartuffe « lui serre le bout des doigts » (v. 913) et lui met bientôt la main sur le genou. Elmire se récrie. C'est, se justifie-t-il, pour mieux apprécier l'étoffe de sa robe ! Elmire se ressaisit et lui demande ce qu'il pense du projet d'Orgon de le marier à Mariane.

Adroitement et avec des mots empruntés au vocabulaire religieux [2], Tartuffe lui déclare que c'est elle, Elmire, qu'il aime et non Mariane. Elmire s'étonne : comment un dévot peut-il s'éprendre d'une femme mariée [3] ? L'objection ne le déconcerte pas. C'est au contraire parce qu'il est dévot qu'il l'aime. Elmire, dit-il, est un miroir des perfections du Ciel; en l'adorant, il ne fait que vénérer Dieu. Il existe d'ailleurs des arrangements avec la religion. Selon lui, la morale est sauve dès qu'aucun scandale n'éclate publiquement; et il lui promet la plus grande discrétion possible sur leur liaison. Elmire le repousse mais elle s'engage à ne rien dire à son mari de ce que vient de lui raconter l'hypocrite. À la condition toutefois qu'il use de son influence sur Orgon pour le convaincre de consentir au mariage de Valère et de Mariane.

Scène 4 : Leur conversation est brutalement interrompue par l'irruption de Damis, qui, caché dans une

---

1. Les servantes de l'époque portaient des robes leur découvrant les épaules et le haut de la gorge. C'était la tradition et la mode. La tenue de Dorine n'avait donc en soi rien de choquant.
2. Sur la manière dont Tartuffe parle, voir p. 45 à 47.
3. La liaison de Tartuffe et d'Elmire serait un adultère, l'un des péchés les plus graves qui soient au regard de la morale chrétienne. D'où la question d'Elmire (qui n'a évidemment aucune intention de céder à Tartuffe).

petite pièce voisine du salon, a tout entendu. Sa fureur est telle qu'il décide d'informer son père de la perfidie de Tartuffe.

Scène 5 : Voici précisément Orgon que Damis met rapidement au courant.

Scène 6 : Orgon n'en croit d'abord pas ses oreilles. Est-ce vrai ?, demande-t-il à Tartuffe. Loin de nier, celui-ci s'accuse : il est effectivement un malheureux pécheur, un méchant, un coupable. L'humilité chrétienne lui impose d'accepter par avance tous les châtiments. Le plus lourd d'entre eux sera toujours léger au regard de ses innombrables péchés. Orgon impute aussitôt cette résignation à la vivacité des sentiments religieux de Tartuffe... et il s'en prend à Damis qui ose calomnier un tel saint ! Achevant de renverser la situation à son profit, Tartuffe implore la grâce de Damis : en bon chrétien, il lui doit pardonner.

Orgon retrouve peu à peu son calme, et il en conclut que Damis n'a inventé un tel mensonge que par haine de Tartuffe. Aussi, pour le punir et pour prévenir toute nouvelle manœuvre contre Tartuffe, décide-t-il de précipiter le mariage de celui-ci et de Mariane. Damis s'insurge. Orgon se met en colère, menace de le bastonner. Au comble de l'exaspération, il le chasse de la maison et crie qu'il le déshérite.

Scène 7 : Tartuffe supplie Orgon de le laisser partir. Il ne veut pas être la source d'une mésentente familiale, ni subir d'autres accusations. Orgon refuse. Tartuffe consent à demeurer par esprit, dit-il, de pénitence, car il voit bien que chacun continuera à le soupçonner d'hypocrisie. Orgon lui ordonne alors de rester non seulement chez lui mais de « fréquenter » Elmire « à toute heure » (v. 1174). Et pour lui prouver sa confiance et son affection, il lui donne sur-le-champ tous ses biens[1]. Que « la volonté du Ciel soit faite » (v. 1182), répond doucereusement Tartuffe.

---

1. En termes de droit, Orgon fait une donation. C'est un contrat « par lequel le donateur [Orgon] se dépouille *actuellement* et *irrévocablement* de la chose donnée en faveur du donataire [Tartuffe] qui l'accepte ». Tartuffe n'a donc pas à attendre la mort d'Orgon pour hériter des biens de celui-ci. Il en dispose immédiatement. Ce contrat est « en bonne forme » (v. 1757), c'est-à-dire qu'Orgon l'a signé. C'est pourquoi Tartuffe pourra requérir (à la scène 4 de l'acte V) l'aide de la justice pour faire expulser Orgon et sa famille.

Scène 1 : Cléante presse Tartuffe de réconcilier Orgon et Damis. Tartuffe se dérobe sous de faux prétextes : il espère certes de tout cœur le retour de Damis à qui il a déjà pardonné; mais il ne peut faire plus. S'il plaidait en effet la grâce de Damis auprès d'Orgon, il se reconnaîtrait implicitement responsable du départ du jeune homme. Ce serait, dit-il, contraire à la vérité ! Et si Damis revenait, ce serait à lui, Tartuffe, de quitter la maison, car, après un tel esclandre, il leur serait difficile de vivre sous le même toit. « L'intérêt du Ciel » (v. 1207) exige donc qu'il se taise.

Cléante le taxe d'hypocrisie. Le « Ciel » l'oblige-t-il également à accepter la fortune d'Orgon ? Elle servira à faire la charité et répandre le bien, lui rétorque Tartuffe. Chacun sait combien il est désintéressé ! Comme Cléante lui conseille de ne plus troubler l'harmonie de la famille, Tartuffe coupe court à l'entretien : c'est l'heure de sa prière.

Scène 2 : Dorine appelle Cléante à l'aide. Orgon a fixé le mariage de Mariane et de Tartuffe pour le soir même; et Mariane est désespérée.

Scène 3 : Celle-ci supplie à genoux son père de ne pas la contraindre à épouser Tartuffe. Elle s'engage en contrepartie à entrer dans un couvent. Sa douleur attendrit bientôt Orgon. Profitant de l'émotion générale, Dorine et Elmire joignent leurs prières à celles de Mariane. Mais voyant que sa famille se coalise contre lui et surtout contre Tartuffe, Orgon se reprend et maintient sa décision. À bout d'arguments et d'efforts, Elmire lui demande alors ce qu'il ferait si elle lui apportait la preuve indubitable de la fausseté de Tartuffe. Orgon hésite : Tartuffe, un scélérat ? Mais c'est impossible !

Scène 4 : Afin de le désabuser, Elmire force Orgon à se cacher sous la table du salon.

Scène 5 : Elmire convoque, aussitôt après, Tartuffe. À peine est-il arrivé qu'elle l'engage à bien fermer la porte : ce qu'elle a à lui dire impose la discrétion. Tartuffe obéit, et Elmire lui laisse entendre qu'elle n'est pas insensible à son charme. Tartuffe s'étonne : ne lui a-t-elle pas précédemment (dans la scène 3 de l'acte III) opposé une fin de non-recevoir ? Pourquoi ce soudain changement ? Elmire lui répond que la pudeur interdit aux femmes de céder trop vite aux avances d'un homme. Souhaite-t-il d'ailleurs des preuves de l'intérêt qu'elle lui porte ? Pourquoi n'a-t-elle pas empêché Damis de partir, si ce n'est pour lui complaire ? Pourquoi s'est-elle opposée à son mariage avec Mariane, si ce n'est pour qu'il reste libre et qu'elle soit libre à son tour de l'aimer ?

Les arguments d'Elmire n'entament toutefois pas la méfiance de Tartuffe, qui doute de la sincérité de tels propos. Aussi exige-t-il des gages plus tangibles et, puisque la porte du salon est bien fermée, de bénéficier tout de suite d'un « peu » des « faveurs » (v. 1449) d'Elmire. Décontenancée par tant d'audace et de rapidité, celle-ci tousse pour avertir Orgon de sortir de dessous la table. Celui-ci ne bouge pas. Elmire recule sa chaise, invoque des scrupules moraux, que Tartuffe estime « ridicules » (v. 1485). Elle tousse de nouveau, prétexte un rhume, puis la peur qu'on les surprenne ensemble. Sur sa prière, Tartuffe sort du salon vérifier si personne ne se trouve alentour.

Scène 6 : Indigné, Orgon surgit de sa cachette. Elmire l'y renvoie tout aussitôt : Tartuffe est déjà de retour !

Scène 7 : Celui-ci la rassure : personne ne les épie ! Il se promet mille bonheurs, quand Orgon bondit de dessous la table et lui ordonne de déguerpir au plus vite. Tartuffe réagit sans se démonter. Partir ? Mais c'est à Orgon et à sa famille de quitter les lieux ! Celui-ci ne lui a-t-il pas dans l'après-midi fait donation de ses biens ? La maison lui appartient donc légalement ! Tartuffe s'en va, victorieux.

Scène 8 : Sous le choc, Elmire enjoint à Orgon de s'expliquer. Son mari lui confirme qu'il a bien instauré Tartuffe son légataire universel. Une certaine « cassette » (un coffret) renfermant des papiers politiquement compromettants l'inquiète bien plus encore.

ACTE V

Scène 1 : Orgon indique à Cléante le contenu exact de la cassette. Durant la Fronde [1], Argas, l'un de ses amis, avait pris le parti des frondeurs contre le ministre Mazarin et le pouvoir royal. Obligé de s'enfuir après leur défaite, il lui a confié des papiers en lui disant qu'il y allait de sa vie. Orgon accepta de les conserver. Mais ce dépôt constituait pour lui un cas de conscience. Devait-il les garder au mépris de sa constante loyauté envers le pouvoir ? Ou devait-il trahir un ami en les remettant aux autorités ? Tartuffe, à qui il en avait parlé, l'avait persuadé de lui donner ces papiers. N'en étant plus le détenteur, Orgon n'avait plus à s'inquiéter. Qui sait maintenant ce que Tartuffe va en faire ? Les utiliser pour le dénoncer comme un ancien complice des frondeurs ? Orgon s'affole à cette idée, et Cléante lui reproche amèrement sa légèreté.

Scène 2 : Averti de ce qui vient de se passer, Damis réapparaît, hors de lui et prêt à assommer Tartuffe. Cléante le raisonne : la violence ne mènerait à rien.

Scène 3 : Également prévenue de son côté, Madame Pernelle accourt. Malgré les explications que lui fournit son fils, elle s'obstine à ne pas croire à la noirceur de Tartuffe.

Scène 4 : Arrive sur ces entrefaites Monsieur Loyal, huissier de justice[1], qui, au nom de la loi, ordonne à Orgon et aux siens de quitter la maison, devenue la propriété de Tartuffe. Ils ont jusqu'à demain matin pour s'exécuter; après quoi, ils seront expulsés par la force.

Scène 5 : Madame Pernelle en « tombe des nues » (v. 1814), confesse son erreur et son aveuglement. Cléante réfléchit, quant à lui, aux moyens de contrecarrer Tartuffe.

Scène 6 : Amoureux de Mariane, Valère prévient Orgon qu'il doit fuir de toute urgence pour éviter d'être arrêté. Tartuffe, se servant de la « cassette », l'a dénoncé au roi comme complice des frondeurs. La police le recherche désormais comme un « criminel d'État » (v. 1838). Valère lui offre son carrosse pour s'enfuir, lui donne de l'argent. Vite !

---

1. La Fronde éclate en 1648 pour s'achever en 1653. C'est à l'origine un soulèvement des Parisiens mécontents de la politique de Mazarin et de la lourdeur des impôts. L'émeute s'étend progressivement à tout le pays pour se transformer en révolte contre le pouvoir royal. Au début des troubles, le roi Louis XIV, né en 1638, n'a que dix ans.
1. Un huissier de justice est chargé de faire appliquer la loi.

Scène 7 : Trop tard ! Tartuffe réapparaît en compagnie d'un commissaire de police. Orgon, Elmire, Dorine l'accusent d'imposture. Tartuffe savoure sa victoire, lorsque, coup de théâtre, il est arrêté par le commissaire. Le roi, explique-t-il, a compris et déjoué la manœuvre de Tartuffe qui, d'ailleurs, était déjà connu pour de précédentes affaires d'escroquerie. Pour remercier Orgon d'être demeuré fidèle au pouvoir royal durant la Fronde, le souverain le réintègre dans tous ses biens, et il lui pardonne volontiers d'avoir par amitié aidé naguère Argas. Orgon respire. Plus rien ni personne ne s'opposent désormais au mariage de Valère et de Mariane.

4 La structure de Tartuffe

La structure d'une pièce de théâtre s'étudie tradition-nellement au regard de trois critères : la qualité de son exposition; l'habileté de la construction de l'intrigue; et la forme de son dénouement. Sur chacun de ces points, la structure de *Tartuffe* apparaît rigoureuse et équilibrée.

UNE EXPOSITION PARFAITE

Qu'est-ce qu'une exposition ?

L'exposition consiste dans la présentation des person-nages au spectateur et dans la mise en place des élé-ments nécessaires au déroulement de l'intrigue. Elle doit posséder trois qualités essentielles. Elle doit être rapide afin de ne pas lasser le public. Elle doit être vraisemblable afin d'entraîner l'adhésion du public. Il lui faut enfin être claire pour la bonne compréhension ultérieure de l'action.

L'exposition de *Tartuffe*

Le début de *Tartuffe* remplit toutes ces conditions. Il prend la forme d'une dispute de famille qui oppose les par-tisans et les adversaires de Tartuffe. C'est déjà poser le sujet : faut-il laisser Tartuffe gouverner toute la maison ? L'hypocrite est donc au centre des discussions. Chacun donne son avis et, en le donnant, il se dépeint lui-même. Le spectateur connaît d'emblée le caractère et les pen-sées des divers personnages.

Certes Orgon est absent de la première scène; mais Madame Pernelle, sa mère, prend vigoureusement la défense de son fils. La présentation d'Orgon, bien qu'elle s'effectue de manière indirecte, est donc réelle. Rien, d'ailleurs, dans son comportement ultérieur ne démentira les propos de Madame Pernelle.

Cette dispute offre, en outre, toutes les apparences de la vraisemblance. Quelle est, en effet, la famille qui n'a jamais connu de tensions ? Ce débat confère au début de la pièce une vivacité et un élan exceptionnels. Pour toutes ces raisons, l'exposition de *Tartuffe* est considérée comme un modèle du genre.

██████ UNE INTRIGUE HABILEMENT CONSTRUITE

Une progression continue

Molière agence les éléments de son intrigue avec habileté. La progression est en effet continue.

Les deux premiers actes préparent l'apparition de Tartuffe. L'arrivée en scène d'Orgon (I, 4) permet de mesurer l'aveuglement du personnage pour son protégé. Sa volonté de marier sa fille Mariane à Tartuffe apparaît dès lors logique dans la mesure où elle est conforme à sa totale absence de lucidité.

Les deux autres actes (III et IV) voient le danger se préciser pour la jeune fille. Tartuffe est un véritable hypocrite, comme Dorine et Damis le soupçonnaient. La résistance doit donc s'organiser contre lui. C'est Elmire qui s'en charge. La situation ne fait en réalité qu'empirer. Damis a beau dénoncer à son père l'imposture de Tartuffe qui a tenté de séduire Elmire, Orgon ne veut rien savoir. Tartuffe retourne la situation à son avantage.

Le dernier acte est celui du triomphe, puis de la défaite complète de l'hypocrite.

La progression de l'intrigue est ainsi linéaire. Chaque acte voit naître des éléments nouveaux qui sont en parfaite cohérence avec les précédents.

Des effets de symétrie

La construction de la pièce est en outre harmonieuse. Plusieurs scènes se répondent les unes aux autres.

C'est le cas des deux tête-à-tête d'Elmire et de Tartuffe. Le premier (III, 3) marque le sommet de la pièce. Tartuffe apparaît sous son véritable visage, et il est à ce moment le maître du jeu, puisqu'Elmire sollicite son aide. Le second tête-à-tête (IV, 5) est l'envers exact du premier. Elmire mène alors la conversation et elle tend un piège à Tartuffe, dans lequel celui-ci tombe.

Cet effet de symétrie n'est pas le seul. La scène 3 de l'acte V qui voit le retour de Madame Pernelle fait par exemple écho à la scène 1 de l'acte I qui voyait la sortie fracassante de la vieille dame de chez son fils.

L'apparition retardée de Tartuffe

La dernière habileté de Molière consiste à avoir retardé le plus possible l'entrée en scène de Tartuffe. Celui-ci apparaît en effet à la scène 2 de l'acte III, c'est-à-dire presque à la moitié de la pièce.

Ce procédé de retardement crée un double effet. Le spectateur devient impatient de connaître enfin celui dont on parle tant depuis le début. À la curiosité s'ajoute une interrogation : qui est véritablement ce Tartuffe tant critiqué par les uns et tant loué par les autres ?

▬▬▬ UN DÉNOUEMENT INATTENDU

Le dénouement repose, quant à lui, sur le procédé du coup de théâtre. Il est en effet inespéré et imprévu. Il est en outre tardif. Il faut attendre la dernière scène et, plus précisément encore le vers 1903 (sur un total de 1962) pour que l'on sache à quoi s'en tenir.

L'effet obtenu est donc celui de la suprise la plus totale[1].

La construction générale de la pièce allie donc la vraisemblance, l'harmonie et la surprise. C'est une des structures théâtrales les plus élaborées qui soient.

---

1. Sur le dénouement, voir aussi p. 68 à 70.

5 Le personnage de Tartuffe

Tartuffe s'impose comme la figure centrale de la pièce. Il lui donne son titre; et, malgré sa tardive apparition (à la scène 2 de l'acte III), il est le moteur de l'action. Aussi son importance commande-t-elle de l'analyser en premier et séparément des autres personnages (qui seront étudiés dans le chapitre suivant).

Son nom renseignait déjà les spectateurs de l'époque sur son caractère. Molière ne l'a pas en effet inventé. Le mot « tartuffe » existait en français comme nom commun. Il désignait au sens propre un faux bijou et, par extension, au sens figuré, un hypocrite. Mais son emploi demeurait rare. « Tartuffe » était également le surnom d'un personnage traditionnel du théâtre comique italien, qui était spécialisé dans les rôles de méchant.

Le personnage que crée Molière réunit les deux sens du mot : son Tartuffe est un hypocrite qui se double d'un escroc redoutable, cupide et jouisseur. Il exerce auprès d'Orgon la fonction d'un inquiétant directeur de conscience, qui ne recule devant aucun sacrilège. Tartuffe incarne en définitive si bien l'hypocrisie qu'il est devenu un type littéraire.

██████ UN ESCROC REDOUTABLE

Tartuffe est un malfaiteur professionnel. Sous une autre identité, ce « fourbe renommé » (v. 1923) a multiplié les malhonnêtetés, dont la liste emplirait plusieurs « volumes » (v. 1926). Orgon n'est donc pas sa première victime.

C'est que, sans scrupule et intelligent, Tartuffe s'avère redoutable. Il lui a fallu de l'habileté pour, malgré son passé, échapper à la justice; et il sait patiemment préparer ses méfaits. La façon dont il a subjugué Orgon est à cet égard un modèle du genre. Tartuffe a par hasard repéré Orgon. Il a aussitôt compris quels avantages il pourrait soutirer de ce naïf. Or existe-t-il un meilleur moyen pour capter les bonnes grâces d'un dévot que de feindre la dévotion ? Tartuffe a donc fréquenté l'église aux heures où Orgon s'y trouvait, attirant son attention par d'ostentatoires prières, refusant la moitié de ses aumônes pour mieux l'étonner et, devant lui, les distribuant sur le champ aux pauvres (v. 281 à 295). L'homme capable d'une telle mise en scène ne peut être que dangereux.

Tartuffe parvient d'ailleurs à ses fins : il réussit à déposséder Orgon de ses biens. C'est la plus belle escroquerie de sa longue carrière. Jusqu'à la scène 6 de l'acte V, son triomphe est complet. Seule, l'intervention imprévue et clairvoyante du roi qui déjoue ses plans, provoque son échec final. Mais Tartuffe a été bien près de gagner définitivement.

■■■ UN CUPIDE ET UN JOUISSEUR

Escroc, Tartuffe l'est pour assouvir sans peine ses nombreux et divers appétits. Cet hypocrite, adepte de l'austérité, apprécie en réalité tous les plaisirs de la vie. Il les goûte certes « fort dévotement » (v. 239), c'est-à-dire avec la mine de ne pas en jouir, mais, au fond de lui, il les savoure pleinement.

S'enrichir par tous les moyens est sa première et unique préoccupation, comme le montre son changement d'attitude dès qu'Orgon lui a fait don de ses biens [1] : de doux et humble, il devient cassant et impudent. Son confort matériel lui importe au plus haut point. Lui qui prétend n'avoir besoin de rien a obtenu un lit « bien chaud [2] » pour dormir « sans trouble » (v. 248). Il aime la bonne chère. « Gros et gras, le teint frais et la bouche vermeille » (v. 234), il dévore à son dîner « deux perdrix avec une

---

1. Voir p. 21, note 1.
2. Vers 247. Un « lit bien chaud » était, à l'époque où les chambres étaient rarement chauffées, une marque de confort.

moitié de gigot en hachis » (v. 239-240). Jamais il ne dédaigne « les bons morceaux » (v. 193), ni ne les laisse par courtoisie à Elmire; et, le matin, il absorbe à son petit déjeuner « quatre grands coups de vin » (v. 255).

Tartuffe, bien qu'il s'offusque du décolleté de Dorine (v. 860), est enfin attiré par les femmes. Sa sensualité transparaît malgré lui. Bien avant qu'il jette le masque, Dorine le soupçonne d'éprouver quelque « douceur de cœur » (v. 837) pour Elmire. Même Orgon, dans son aveuglement, s'est aperçu que son protégé prend un « intérêt extrême » (v. 302) à sa femme (sans que pour autant il s'en alarme). Tartuffe ne propose rien de plus à Elmire qu'une liaison clandestine, censée procurer « de l'amour sans scandale et du plaisir sans peur » (v. 1000), comme si cet égoïsme lâche pouvait satisfaire l'épouse d'Orgon !

C'est d'ailleurs sa sensualité qui le perdra. Dès qu'Elmire lui demande un entretien, il renonce à distribuer des aumônes (III, 2); et quand, pour le démasquer, elle lui avoue ne pas être insensible à son charme, il finit par oublier toute prudence (IV, 5). Ses sens le dominent tout entier.

■■■■■ UN INQUIÉTANT DIRECTEUR DE CONSCIENCE

La direction de conscience était une pratique courante au XVIIᵉ siècle. Les familles pieuses et aisées (aristocratiques ou bourgeoises) s'en remettaient volontiers, afin de mieux se conduire selon l'idéal chrétien, à un laïc, qu'elles choisissaient pour l'exemplarité de sa foi. Ce « directeur de conscience » était souvent installé à demeure (comme Tartuffe chez Orgon); il leur disait ce qu'il convenait de faire dans la vie quotidienne, dans la gestion de leurs affaires intimes, parfois dans l'éducation ou le mariage des enfants. Il avait charge de leur âme.

Certains directeurs de conscience étaient irréprochables. D'autres, en revanche, l'étaient beaucoup moins. Comme l'observe La Bruyère, ce qui « a semé dans le monde cette pépinière intarissable de directeurs », c'est « le goût qu'il y a à devenir le dépositaire des secrets des familles, à se rendre nécessaire pour les réconciliations [...], à trouver les portes ouvertes dans les maisons des grands, à manger souvent à de bonnes tables [1] ». Sous couvert de piété, seul leur intérêt les guidait.

Tartuffe joue ce rôle auprès d'Orgon. Il est « de tous ses secrets l'unique confident et de ses actions le directeur prudent » (v. 187-188). Ses « mots » équivalent à des « oracles » (v. 198). Il se mêle de « tout » (v. 301) dans la maison, allant même jusqu'à désapprouver l'union de Valère et de Mariane. L'inquiétant est évidemment que Tartuffe ne songe pas au salut de l'âme d'Orgon, et qu'il professe de barbares leçons comme de n'aimer personne ou de regarder tout le monde « comme du fumier » (v. 274). Par la direction de conscience, Tartuffe manipule Orgon à son gré : il lui suffit d'invoquer la volonté du Ciel !

■■■■ UN HYPOCRITE SACRILÈGE

L'hypocrisie de Tartuffe relève de deux grandes catégories : l'une concerne le plan général de la morale; l'autre touche au domaine précis de la religion.

Sur un plan général, l'hypocrisie est un vice consistant à feindre une vertu ou un sentiment que l'on n'a pas. Or les paroles de Tartuffe contredisent à chaque instant ses actes. Il clame son dédain de l'argent, mais il cherche à s'emparer de la fortune d'Orgon. Sa pudeur s'offusque du décolleté de Dorine, mais il souhaite nouer une liaison avec Elmire. Il prétend pardonner à Damis de l'avoir (selon lui) calomnié, mais il refuse tout net de le réconcilier avec son père. Ces contradictions ne sont pas chez lui fortuites. Ni la vantardise, ni des inconséquences de caractère (ni même la folie) ne peuvent les expliquer. Ce sont des mensonges volontaires qu'il profère pour mieux parvenir à ses fins. Tartuffe s'avance sciemment masqué. C'est en ce sens qu'il est d'abord un hypocrite [2].

Mais il l'est aussi d'une autre façon. On peut en effet être hypocrite sans simuler la dévotion. Tartuffe, lui,

---

1. La Bruyère, *Les Caractères,* « De la mode », 24.
2. Ce que confirme Dorine qui dit de lui, dès la première scène : « Tout son fait, croyez-moi, n'est rien qu'hypocrisie » (v. 70).

endosse l'habit de dévot en toute connaissance de cause. Son hypocrisie acquiert par là une nouvelle dimension. Non seulement il se sert de la religion pour dissimuler ses inavouables intentions, mais il risque de la discréditer. En effet, à partir de l'exemple de Tartuffe, des esprits simples, des athées résolus ou des anticléricaux farouches[1] peuvent en conclure que beaucoup de dévots sont des faux dévots. C'est la crédibilité même de la foi qui se trouve en jeu.

Le danger est d'autant plus grand que Tartuffe connaît fort bien les Évangiles[2] et les textes des apôtres[3]. (Les chapitres suivants examineront l'utilisation particulière qu'il en fait, voir p. 42 à 47.) L'anecdote de la puce (v. 308-310) qu'il s'accuse d'avoir tuée avec trop de colère, Tartuffe l'a ainsi prise textuellement dans la *Vie de saint Macaire l'Ancien,* qui vécut en Égypte au IVe siècle : Macaire se serait retiré au désert pour y jeûner pendant six mois pour avoir écrasé une puce.

L'Église catholique a constamment considéré l'hypocrisie comme un péché. C'était même au XVIIe siècle un péché mortel (entraînant la damnation éternelle en enfer) quand on se servait de la religion pour accaparer des biens matériels au détriment d'autrui. Tel est le cas de Tartuffe. Son hypocrisie devient sacrilège[4].

■■■■■ UN TYPE LITTÉRAIRE

On emploie l'expression « type littéraire » pour désigner un personnage de théâtre ou de roman, dont la situation sociale, l'attitude, les défauts ou les qualités sont représentatifs de tous ceux qui partagent son état ou son comportement. Harpagon incarne, par exemple, le type de l'avare; et don Juan, le type du séducteur sans scrupules.

---

1. Un athée est une personne qui ne croit pas en Dieu. Un anticlérical s'oppose à l'influence du clergé dans les affaires publiques.
2. Les Évangiles, qui figurent dans la Bible, relatent la vie et l'enseignement de Jésus-Christ.
3. Les apôtres, au nombre de douze, furent les premiers disciples de Jésus-Christ, qui les chargea de prêcher l'Évangile.
4. On complètera ce portrait de Tartuffe par l'analyse du thème de l'hypocrisie, p. 42 à 52.

La profondeur psychologique de Tartuffe, son hypocrisie absolue (voir chap. 7) l'ont hissé au rang de type littéraire. Dès l'époque de Molière, l'identification entre Tartuffe et l'hypocrisie fut si nette que son nom propre devint tout de suite un nom commun. La Fontaine dira du chat et du renard dans la fable qui porte ce titre : « C'étaient deux vrais tartuffes. » Et dans son *Dictionnaire,* Furetière constatera, à la fin du siècle, que « Molière a enrichi la langue de ce mot par une excellente comédie à qui il a donné ce nom ».

Deux dérivés ont en outre été construits sur le nom de Tartuffe. Molière lui-même invente plaisamment le verbe « tartuffier » (v. 674) qu'il place dans la bouche de Dorine, avec le sens précis de « marier à Tartuffe ». Quelques années plus tard, Mme de Sévigné (1626-1696) réutilisera le verbe, mais dans le sens légèrement différent de « captiver, séduire » (comme Tartuffe captive Orgon) : « Mais que pensez-vous qu'on voit chez moi? », écrit-elle dans une de ses lettres à sa fille : « Des Provençaux; ils m'ont tartuffiée. »

Enfin apparaîtra, au XVIIIᵉ siècle, le mot familier de « tartufferie », dont Voltaire donne la définition suivante dans son *Dictionnaire philosophique :* « friponnerie de faux dévot ».

C'est, en effet, à partir de la pièce de Molière que s'opère une équivalence presque automatique entre l'hypocrisie et l'hypocrisie religieuse. Jusqu'alors, l'hypocrisie était une simulation, un mensonge destinés à tromper autrui. Ses formes pouvaient être fort diverses. Mais Tartuffe symbolise si bien l'hypocrisie et le faux dévot que les deux termes ont fini par devenir synonymes. Aujourd'hui, un Tartuffe est nécessairement un faux dévot; et l'hypocrisie renvoie presque toujours à une contrefaçon de la foi.

Quand un personnage se transforme ainsi en référence pour qualifier (en bonne ou en mauvaise part) une attitude, c'est le signe indiscutable de son universalité.

6 Les autres personnages

Si l'on excepte Tartuffe, étudié dans le chapitre précédent, la pièce comporte onze personnages. Trois d'entre eux remplissent une stricte fonction utilitaire : Flipote, la « servante » de Madame Pernelle, dont le rôle est en outre muet, apparaît dans la seule scène 1 de l'acte I; M. Loyal n'intervient qu'à la scène 4 de l'acte V pour signifier à Orgon sa prochaine expulsion; l'Exempt procède, enfin, dans l'ultime scène 7 de l'acte V, à l'arrestation inattendue de Tartuffe.

Restent donc huit personnages. Certains sont plus importants que d'autres : Orgon, Elmire et Cléante sont des figures essentielles, tandis que Damis, Mariane, Valère, Dorine et Madame Pernelle s'avèrent de moindre envergure.

ORGON

Orgon est à la fois la dupe et le disciple de Tartuffe. Il est pourtant loin d'être sot. Ce grand bourgeois fut naguère raisonnable. Mais les inquiétudes de l'âge le tourmentent; et il croit devoir tout faire pour sauver son âme et celle des membres de sa famille. Il n'hésite pas pour cela à abuser de son autorité de chef de famille.

Un grand bourgeois naguère raisonnable

Orgon appartient à la grande bourgeoisie. Son train de vie atteste sa fortune : il habite à Paris une demeure particulière[1]; et sa femme reçoit souvent des amis qui sont

1. La mention de la « salle basse » au vers 873 (c'est-à-dire d'un salon situé au rez-de-chaussée), d'une petite pièce donnant sur ce salon (v. 1021) et d'un premier étage (suggéré par l'expression « là-haut », v. 214), indique qu'Orgon habite une maison.

suffisamment riches pour venir en « carrosses » et accompagnés de nombreux « laquais » (v. 88-89). Tartuffe se révèle d'ailleurs trop cupide pour choisir ses victimes dans des milieux désargentés. Orgon n'exerce aucun métier. Ses ressources proviennent de propriétés terriennes, dont il revient à la scène 4 de l'acte I. L'indication est d'importance : vivre, à la ville, de ses rentes foncières [1] était au XVIIe siècle l'une des formes de la réussite et de la considération sociales. On appelait cela « vivre noblement », c'est-à-dire sans travailler, comme un aristocrate.

Dans sa jeunesse, durant la Fronde [2], Orgon s'est comporté en « homme sage » (v. 181), capable de détermination et de courage. C'est en souvenir de son passé héroïque et loyal envers la famille royale [3] que le souverain le réintègre dans ses biens et qu'il lui pardonne d'avoir aidé un ami frondeur (v. 1935 à 1944). Orgon n'a donc pas toujours été un naïf, facile à tromper.

Un homme mûr et tourmenté

La question est évidemment de savoir pourquoi Orgon a tant changé. L'habileté de Tartuffe ne saurait justifier pareille évolution. Ni Dorine ni Elmire ni Cléante ne subissent, en effet, l'influence de l'hypocrite. La réponse est à rechercher dans l'éducation d'Orgon et dans ses inquiétudes spirituelles.

Sa mère (Madame Pernelle) l'a élevé selon des principes stricts – comme la vieille dame en témoigne dans sa condamnation des bals, des conversations et des visites mondaines (v. 25 à 32). Il a grandi à une époque où l'héroïsme et le sacrifice de soi constituaient les valeurs morales dominantes. La mort de sa première femme a sans doute assombri son humeur et renforcé sa gravité. Il croit qu'il faut en toutes choses accomplir son devoir, comme l'Église le lui enseigne. Car, déjà, Orgon est un esprit religieux.

---

1. Le « foncier » est un fonds de terre. Une rente foncière est un revenu de terres qu'on n'exploite pas soi-même; on les loue à des fermiers.
2. Sur la Fronde, voir p. 24, note 1.
3. On ignore exactement ce que fit Orgon durant la Fronde. Mais il a dû s'y comporter de manière exceptionnelle pour que le roi s'en souvienne près de vingt ans plus tard.

Or cette conception de l'existence – très largement répandue – passe de mode après 1660. À la Cour, le jeune roi Louis XIV, adulé de toute la France, multiplie les fêtes et les plaisirs. Dans le pays, l'ordre a été rétabli. La vie de société a repris ses droits avec ses spectacles et ses amusements, dans l'optimisme et l'insouciance. Orgon, qui a maintenant vieilli, ne comprend plus. Au lieu de s'adapter et d'évoluer, il se raidit dans ses anciennes convictions. L'âge venant[1], il songe à la mort, aux comptes qu'il aura à rendre à Dieu, au salut de son âme. Avant même de connaître Tartuffe, il va chaque jour à la messe (v. 283). L'inquiétude spirituelle accroît sa rigueur naturelle. À l'époque, nombre de bourgeois et de nobles se réfugiaient effectivement dans la dévotion par incompréhension et, parfois, par dégoût d'un monde qui s'éloignait de plus en plus des idéaux de leur jeunesse.

C'est cet état moral d'Orgon qui explique l'ascendant que Tartuffe prend sur lui. En le recueillant, en l'instaurant son directeur de conscience[2] puis en lui donnant ses biens et en lui obéissant à la lettre, Orgon applique ses vieux principes et apaise son tourment intérieur. En Tartuffe, il trouve en effet un être (du moins le croit-il) qui le conforte dans ses convictions. Tartuffe le rassure sur la permanence des valeurs auxquelles il adhère, lui parle d'austérité et de détachement, l'entretient du « Ciel » et du salut de son âme. Orgon peut même ressentir une certaine fierté d'avoir su reconnaître un saint sous l'habit d'un « gueux » (v. 484) et d'aider un malheureux. Tartuffe lui permet de goûter « une paix profonde » (v. 273). Il est l'homme par qui Orgon retrouve son (faux) équilibre.

Un maniaque autoritaire

Le malheur est que Tartuffe est certes un hypocrite, mais aussi qu'Orgon tombe, par aveuglement et par excès, dans la catégorie des monomaniaques[3] qui sacrifient tout à leur idée fixe. Ayant (pense-t-il) besoin de

---

1. Au XVIIe siècle, quand un homme avait passé 40 ans, il était déjà considéré comme âgé.
2. Sur les directeurs de conscience, voir p. 31-32.
3. Un monomaniaque est un individu qui, dominé par une idée fixe, rapporte tout à cette idée et qui n'agit qu'en fonction de celle-ci.

Tartuffe, il l'idéalise et il le transforme en « héros » (v. 195) pour l'aimer plus que sa propre famille (v. 185 à 190).

Orgon tyrannise dès lors les siens, s'emporte dès qu'on lui tient tête (avec Dorine, Cléante ou Damis), et il abuse de son autorité paternelle pour imposer le mariage de Tartuffe et de Mariane. Il ne reviendra à la raison qu'avec regret quand, caché sous la table, il découvrira enfin qui est vraiment Tartuffe (V, 7). Déçu, il passe alors d'un extrême à l'autre, prêt désormais à éprouver pour « tous les gens de bien » une « horreur effroyable » (v. 1601 à 1606). Dans ses haines comme dans ses affections, Orgon est tout d'une pièce. C'est le caractère même du maniaque, qui a bien failli faire le malheur de tous.

▰▰▰ ELMIRE

Seconde épouse d'Orgon, Elmire ne suscite pas l'antipathie que, sous le terme de marâtre, le personnage de la belle-mère soulève traditionnellement dans la comédie. Elmire est au contraire une jeune femme aimable, une épouse honnête et intelligente, sans coquetterie, bien qu'on l'en ait parfois accusée.

Une jeune femme aimable

On ignore l'âge d'Elmire, sans doute a-t-elle dans les trente ans. Comme il était alors fréquent, Orgon, veuf et riche de surcroît, a dû se remarier avec une femme bien plus jeune que lui. Elmire fréquente la société mondaine de Paris : elle participe à des bals donnés chez elle ou chez des amis; elle réunit ou visite des intimes (v. 151). Elle aime porter des toilettes à la mode, au désespoir de Madame Pernelle qui lui reproche d'être « vêtue ainsi qu'une princesse » et d'y dépenser trop d'argent (v. 29-30). Vive, sociable, Elmire est le contraire de son mari.

Une épouse fidèle et intelligente

Elle est aussi une épouse fidèle. Son mariage avec Orgon semble pourtant peu heureux. Comme le prouve la scène 4 de l'acte I, dans laquelle celui-ci ne se préoccupe

que de la santé de Tartuffe, Orgon s'est quelque peu déta-
ché d'elle. Mais Elmire n'exprime jamais le moindre
regret, ni le plus petit reproche. Elle prend son mari
comme il est, et elle lui est résolument attachée. Quand
Tartuffe tente de la séduire (III, 3), elle se défend avec
courtoisie, mais avec netteté, et elle refuse le moindre
geste équivoque. En femme du monde, elle sait ce que
valent les hommages masculins (surtout quand ils vien-
nent de Tartuffe !), et elle s'en amuse discrètement :

> Ce n'est point mon humeur de faire des éclats;
> Une femme se rit de sottises pareille;
> Et jamais d'un mari n'en trouble les oreilles.
>
> (v. 1032 à 1034).

Ses beaux-enfants s'entendent avec elle qui se montre
soucieuse de leur bonheur. Pour défendre le projet de
mariage entre Mariane et Valère, elle n'hésite pas à solliciter l'aide de Tartuffe; et si elle accepte, lors de leur premier entretien, de ne pas révéler à son mari l'aveu que
l'hypocrite vient de lui faire, c'est dans l'espoir qu'il ne
s'opposera pas à l'union des deux jeunes gens (v. 1013 à
1020). Intelligente, Elmire se révèle aussi décidée. C'est
grâce à elle que Tartuffe sera finalement démasqué
quand, à bout d'arguments et devant l'urgence de la situation, elle se résout à l'attirer dans un piège et à lui jouer la
comédie de la femme émue, déjà amoureuse (IV, 5).

Elmire est-elle une séductrice ?

Cette scène où Elmire se présente comme une séductrice a parfois choqué. On est même allé jusqu'à écrire
qu'Elmire y « est plus coupable que Tartuffe puisque c'est
elle qui le cherche, qui l'agace, le conduit pas à pas, avec
un artifice dont le plus vertueux aurait peine à se défendre,
aux entreprises les plus criminelles [1] ». Elmire serait-elle
donc coquette et, pis encore, hypocrite ?

La thèse paraît difficile à soutenir. Ce n'est en effet
que contrainte et forcée par l'aveuglement d'Orgon qui
veut à toute force faire épouser Tartuffe à Mariane, qu'elle
cache d'abord son mari sous la table, puis qu'elle joue la

---

1. Abbé de La Tour, *Réflexions sur le théâtre*, 1763, p. 27. L'accusation de coquetterie fut depuis périodiquement reprise.

comédie devant l'hypocrite : « puisque j'y suis réduite » (v. 1373), dit-elle. Elmire demande en outre à Orgon d'intervenir quand il lui paraîtra bon (v. 1381 à 1384). Elle-même avoue que cette comédie la met au « supplice » (v. 1497).

Quand elle constate que son mari n'intervient toujours pas, elle oblige enfin Tartuffe à sortir pour vérifier qu'il n'y a personne à côté (v. 1527-1528). On ne peut imaginer Elmire en séductrice qu'en commettant un contresens sur le texte. Elmire n'est pas une femme austère; mais elle n'est pas à l'inverse une fausse vertueuse. À la grâce et au tact, elle allie, quand besoin est, une douloureuse détermination.

■■■■■ CLÉANTE

Frère d'Elmire, Cléante incarne la modération et la lucidité face à l'autoritarisme aveugle d'Orgon. À l'inverse de Madame Pernelle, il se soucie peu de la médisance et du qu'en-dira-t-on, estimant en homme sage qu'il suffit de vivre en « toute innocence » (v. 101). Son idéal religieux reste tempéré. Il préconise devant Orgon (qui refuse de l'écouter) une dévotion fondée sur l'humilité, sur l'indulgence et sur la pratique discrète des vertus (v. 389 à 404). Ses efforts pour favoriser le mariage de Mariane et de Valère achèvent de le rendre sympathique. C'est le personnage masculin le plus équilibré de la pièce.

■■■■■ MADAME PERNELLE

La mère d'Orgon n'apparaît que dans la scène 1 de l'acte I et dans les scènes 3 à 7 de l'acte V. Dévote, elle défend Tartuffe envers et contre tous, approuvant son fils de l'avoir recueilli dans la maison et de lui avoir confié le soin de tout contrôler. Elle considère littéralement Tartuffe comme un envoyé du Ciel (v. 147), chargé d'assurer le salut de sa famille.

Plus que son âge qui l'enracine dans le passé, ce sont ses valeurs morales désuètes qui la transforment en une figure d'un autre temps. C'est pourquoi le discours de

Tartuffe qui prône le retour aux valeurs traditionnelles la séduit tant. Il lui faudra la preuve irréfutable de l'hypocrisie de celui-ci pour qu'elle ouvre enfin les yeux.

Son caractère s'avère plutôt difficile. Criant, pestant, jurant, la vieille dame dit à chacun ses quatre vérités (I, 1) ou ce qu'elle croit telles. Elle abuse en fait de la patience et de l'indulgence silencieuse que chacun lui doit en raison de son grand âge.

▆▆▆ DAMIS ET MARIANE

Fils et fille d'Orgon, nés d'un premier mariage, le frère et la sœur tiennent de leur père un caractère prompt à s'emporter. Damis est un jeune homme bouillant. S'il est prêt à faire un esclandre quand il découvre que Tartuffe courtise Elmire, il conserve cependant, jusque dans ses colères, le sens du respect dû à son père. Il se laisse en effet maudire, chasser et déshériter sans répliquer, laissant à Cléante et à Elmire le soin de le défendre.

Mariane, à sa façon, est, elle aussi, portée aux solutions extrêmes. Elle envisage de se suicider pour échapper à son mariage avec Tartuffe. Soumise aux volontés de son père, elle sait pourtant réagir dès que Dorine lui promet de l'aider. C'est une jeune fille romanesque.

▆▆▆ DORINE

« Servante » de Mariane, Dorine se définit par la vivacité de son caractère. L'une des premières, elle a percé l'hypocrisie de Tartuffe, et elle ne se gêne pas pour dire haut et fort ce qu'elle pense de cet imposteur. « Forte en gueule » (v. 14), selon l'expression de Madame Pernelle, elle use d'un langage cru et humoristique. Elle soutient par exemple que Mariane, si elle épouse Tartuffe, sera en droit de le tromper (v. 513 à 517). Dévouée à Mariane qu'elle s'efforce de rassurer et de rendre heureuse, Dorine appartient à la catégorie des domestiques amusants et attachants.

7 Un thème essentiel : l'hypocrisie de Tartuffe

Tartuffe feint une dévotion qu'il n'éprouve pas. Encore doit-il s'efforcer d'en donner l'apparence la plus crédible possible. Quelles sont donc, concrètement, les attitudes qui, chez lui, peuvent s'interpréter comme l'expression d'une foi intense ? En quoi sont-elles convaincantes pour Orgon et Madame Pernelle, ridicules et affectés pour Elmire, Cléante ou Dorine ? Et comment Tartuffe tente-t-il de séduire Elmire en voulant conserver des dehors dévots (même s'ils ne trompent pas la femme d'Orgon) ? Ces questions conduisent à examiner trois aspects essentiels du personnage et de son hypocrisie :
– ses pratiques religieuses hypocrites;
– son langage faussement chrétien;
– sa stratégie amoureuse faussement dévote.

▬▬ DES PRATIQUES RELIGIEUSES HYPOCRITES

Tartuffe affiche sa foi de trois façons : par une observation stricte du rite[1] catholique, du moins en apparence; par des activités charitables imaginaires; et par de (fictifs) exercices spirituels[2].

---

1. Le rite désigne l'ensemble des règles et des cérémonies qui se pratiquent dans une religion.
2. Les exercices spirituels recouvrent toute activité favorisant l'élévation de l'âme vers Dieu (par exemple, la méditation).

Une apparente observation du rite catholique

Chaque jour, il écoute la messe (v. 283) et il ne manque jamais de dire ses prières. Quand, pour rompre son entretien avec Cléante (IV, 1), il prétexte, à « trois heures et demie », certain « devoir pieux » (v. 1267-1268), il laisse entendre qu'il s'applique les obligations qui s'imposent aux moines et aux prêtres (aujourd'hui encore) de réciter leurs prières à des heures précises de la journée. Il s'agit, dans le vocabulaire religieux, des « nones » (à trois heures de l'après-midi), des complies (pour les prières du soir) et des matines (pour celles du matin).

Des activités charitables (imaginaires)

Catholique pratiquant, Tartuffe prétend se livrer à des actions de bienfaisance, mais il n'en est rien. La distribution des aumônes aux pauvres (v. 298 et 856) et la visite des prisonniers comptaient parmi les devoirs de tout vrai chrétien (que beaucoup au XVIIe siècle accomplissaient avec dévouement).

De fictifs exercices spirituels

Tartuffe est enfin censé approfondir sans cesse sa foi : il lirait la Bible [1] et des ouvrages pieux comme *La Fleur des saints* [2] afin d'affirmer et d'approfondir sa foi. Chez les ascètes et les mystiques [3] véritables, la mortification qui consiste à s'infliger des souffrances pour mieux dominer

---

1. Voir p. 33, note 2.
2. Vers 208. Cet ouvrage se trouve dans la maison d'Orgon. On peut légitimement supposer qu'il y a été introduit par Tartuffe ou sur les recommandations de celui-ci. Un livre de méditation et de prières intitulé *Fleurs des vies des saints* existait réellement. Publié en 1641, il fut souvent réédité.
3. Un ascète, au sens premier du mot, est une personne qui, dans un but de sanctification, se livre à de rudes exercices de pénitence (par extension le mot a désigné quiconque mène une vie austère). Un mystique est celui qui, par la contemplation, cherche à s'unir à Dieu.

son corps et favoriser la seule vie de l'esprit, fait également partie des exercices spirituels. À l'entendre, Tartuffe ne la néglige pas, puisque, vers 853, il demande à son valet de ranger sa « haire » et sa « discipline[1] ».

Des pratiques dénaturées par Tartuffe

Aucune de ces attitudes n'est en elle-même hypocrite. Celui qui s'y plierait avec sincérité et conviction serait un authentique dévot, fort respectable. Aussi Orgon et Madame Pernelle qui n'analysent pas en profondeur le comportement de Tartuffe, les prennent-ils pour argent comptant. Or soit Tartuffe affabule, soit ses intentions et ses attitudes enlèvent toute valeur à ses actions.

Sa corpulence dément, en effet, sa soi-disant mortification : s'il s'y livrait, il ne serait pas si « gros » et si « gras » (v. 234). Rien ne prouve qu'il visite effectivement les prisonniers : il y renonce au contraire pour s'entretenir avec Elmire (III, 2); et la suite de la pièce ne mentionne pas qu'il le fasse. Quant aux aumônes qu'il a distribuées à une époque où il n'habitait pas encore chez Orgon, c'était précisément pour convaincre celui-ci qu'il était un vrai dévot (v. 295 à 298). L'intention détruit la signification religieuse de l'acte, puisque Tartuffe agit alors pour son intérêt à long terme. La cupidité dont il témoignera le montre amplement. De même ses prières à l'église sont trop démonstratives pour être sincères : Tartuffe cherche moins à adorer Dieu qu'à provoquer l'admiration attentive d'Orgon. Comme le remarque justement Cléante, la vraie foi est plus discrète. Est-il enfin besoin de souligner que l'accaparement frauduleux des biens d'Orgon et l'expulsion de celui-ci contredisent ouvertement la justice et la charité ? Chez Tartuffe, l'apparence ne s'accorde pas avec les faits. Les uns (Elmire, Cléante, Dorine) s'en rendent compte, les autres (Orgon et sa mère) refusent de s'en apercevoir.

---

1. Voir p. 19, note 1.

■■■ UN LANGAGE HYPOCRITE

Tout au long de la pièce, Tartuffe s'exprime comme le dévot qu'il prétend être. Son langage abonde en allusions, directes ou indirectes, à l'Évangile [1] et aux écrits des Apôtres [2], comme si l'intensité de sa foi transparaissait dans ses paroles. Une utilisation excessive du vocabulaire religieux et une manipulation abusive des textes sacrés le caractérisent.

Une utilisation excessive du vocabulaire religieux

Tartuffe ne peut prononcer une phrase sans évoquer le « Ciel [3] ». Salue-t-il son valet ? Il ajoute aussitôt : « Priez que toujours le Ciel vous illumine » (v. 854). Souhaite-t-il la bienvenue à Elmire ? « Que le Ciel à jamais par sa toute bonté / Et de l'âme et du corps vous donne la santé » (v. 879-880), lui dit-il.

Ce tic de langage s'avère plus inquiétant quand Tartuffe se sert manifestement du « Ciel » pour manœuvrer en sous-main. Il n'accepte officiellement la donation d'Orgon que pour respecter « la volonté du Ciel » (v. 1182); et il s'interdit de plaider la grâce de Damis auprès de son père parce que « le Ciel n'ordonne pas que je vive avec lui » (v. 1232). Comme si, lui, l'étranger recueilli, trouvait anormal qu'un fils habite chez ses parents ! Tartuffe fait donc parler le « Ciel » à son gré et à sa guise.

Une manipulation abusive des textes sacrés

Étant son « directeur de conscience [4] », Tartuffe conseille Orgon. Pour le convaincre, il lui faut alors prouver ses connaissances de la théologie [5], montrer que ses paroles sont (en apparence) conformes à l'enseignement

---

1. Voir p. 33, note 2.
2. Voir p. 33, note 3.
3. Sur le sens du mot « Ciel », voir p. 9, note 3.
4. Voir p. 31-32.
5. La théologie est l'étude des questions religieuses.

du Christ et à la doctrine de l'Église. De fait, Tartuffe a des références toutes prêtes. Mais il en change un mot ou il en fausse légèrement le sens, de sorte que sa victime, qui n'y regarde pas de si près, se persuade de la sainteté du propos. Voici les trois exemples les plus significatifs.

● **Premier exemple :** Orgon dit à Cléante à propos de Tartuffe, dont il se fait à l'évidence l'écho (v. 273-274) :

> Qui (celui qui) suit bien ses leçons, goûte une paix
> [profonde
> Et comme du fumier regarde tout le monde.

Ces deux vers sont l'écho d'une parole de saint Paul[1] : « Je regarde toutes choses comme du fumier afin de gagner Jésus-Christ[2]. » Par cette phrase, saint Paul définit l'idéal chrétien, selon lequel aucune richesse ne peut procurer un bonheur comparable à celui de vivre en harmonie avec Dieu. Tout bien matériel devient en conséquence sans importance; et le mot « fumier » en illustre le caractère vil et méprisable.

Mais saint Paul parle de « choses », non d'êtres humains, comme le fait Orgon, sous l'influence de Tartuffe. Considérer « tout le monde » comme du « fumier » va même à l'encontre du plus important précepte du Christ : « Aimez-vous les uns les autres comme je vous ai aimés[3]. » En incitant Orgon à se détacher de tous, donc de sa femme, Tartuffe espère séduire plus facilement Elmire.

● **Deuxième exemple :** Orgon explique à Cléante l'enseignement que lui dispense l'hypocrite (v. 276-279) :

> Il m'enseigne à n'avoir affection pour rien;
> De toutes amitiés il détache mon âme;
> Et je verrais mourir frère, enfants, mère et femme,
> Que je m'en soucierais autant que de cela.

Or saint Luc rapporte dans son Évangile ces paroles du Christ : « Si quelqu'un venant à moi ne hait pas son père et sa mère, sa femme et ses enfants, ses frères et ses sœurs, et même sa propre vie, il ne peut être mon

---

1. Un des douze apôtres (premiers disciples) du Christ. Il favorisa l'expansion du catholicisme dans tout le monde méditerranéen.
2. Saint Paul, *Épitre aux Philippiens*, III, 8.
3. Évangile selon saint Jean, chap. XIII.

disciple [1]. » Pris au pied de la lettre, ces mots ont de quoi choquer. Chacun savait toutefois depuis longtemps (sauf Orgon) que le style de saint Luc est hyperbolique [2] : sous sa plume, la phrase signifie qu'il existe une hiérarchie dans l'amour. L'amour que l'on éprouve pour Dieu doit être plus important que les passions humaines. Tartuffe se garde bien de donner à Orgon cette explication de texte.

● **Troisième exemple :** Quand Orgon, surgissant de dessous la table où Elmire l'a caché, surprend Tartuffe en flagrant délit d'imposture et d'hypocrisie, celui-ci retourne la situation en sa faveur en s'accusant de tous les péchés (v. 1077-1080) :

> Chaque instant de ma vie est chargé de souillures;
> Elle n'est qu'un amas de crimes et d'ordures,
> Et je vois que le Ciel, pour ma punition,
> Me veut mortifier en cette occasion.

Qu'est-ce à dire ? Au regard de la perfection divine, tout homme, fût-il un saint, reste imparfait et pécheur. Le chrétien le sait et, humblement, il reconnaît ses fautes. Depuis le péché originel [3], la nature humaine est en effet pervertie par le mal, par Satan. Cette position théologique ne présente toutefois aucun rapport avec la situation précise où se trouve Tartuffe. Ses propositions à Elmire sont malhonnêtes et répréhensibles. Tartuffe tente de se disculper d'un péché particulier en le noyant dans une question doctrinale et générale. C'est une manipulation de plus. Orgon, qui n'ignore pas le dogme du péché originel, s'imagine que Tartuffe réagit en chrétien !

■■■ UNE STRATÉGIE AMOUREUSE HYPOCRITE

L'hypocrisie de Tartuffe atteint son comble quand le personnage déclare sa flamme à Elmire (III, 3). Un vrai dévot ne peut en effet proposer une liaison à une femme mariée, tant l'Église a toujours condamné sans appel

---

1. Évangile selon saint Luc, chap. XIV.
2. Une hyperbole est une exagération.
3. Le péché originel est celui que tous les hommes, dans la religion chrétienne, ont contracté en la personne d'Adam, premier homme créé par Dieu.

l'adultère. Elmire ne manque pas d'ailleurs de le remarquer (v. 961 à 965). Pourtant, Tartuffe n'arrache à aucun moment son masque de dévot. Jamais, par exemple, il n'avoue à Elmire que sa dévotion est une supercherie destinée à abuser le seul Orgon. Ne nous méprenons pas sur le sens de sa réplique : « Ah ! pour être dévot, je n'en suis pas moins homme » (v. 966). Cette phrase ne signifie pas que Tartuffe reconnaisse n'être plus dévot. Elle veut dire : « Tout en étant dévot, je reste un homme. » Devant Elmire et jusque dans l'aveu même de sa passion moralement coupable, Tartuffe continue donc à jouer son rôle.

Son effort consiste ainsi à nier, à escamoter toute contradiction entre dévotion et adultère. Ce n'est pas malgré sa dévotion, soutient-il, qu'il aime Elmire; mais c'est *parce qu'il est dévot* qu'il l'aime. Le paradoxe [1] est vertigineux ! De la nature de sa proposition ou de la présentation qu'il en fait, on finit par ne plus savoir ce qu'il faut le plus réprouver.

Les trois arguments de Tartuffe

Ce paradoxe, Tartuffe le justifie par trois grands arguments provenant de :
– la conception platonicienne de l'amour mystique;
– la tradition littéraire de la préciosité;
– la « casuistique » jésuite.
(Chacune de ces formules un peu complexes, que la philosophie et l'histoire ont consacrées, sera expliquée dans les lignes qui suivent.)
Aucun de ces arguments ne peut pourtant emporter la conviction.

● Premier argument : l'utilisation du platonisme

– *Qu'est-ce que le platonisme ?*

L'un des plus importants philosophes grecs de l'Antiquité, Platon (428-348 av. J.-C.) postule l'existence de principes éternels (qu'il nomme des « Idées ») tels que, par exemple, le Bien, le Mal, le Juste ou le Beau. Ces principes s'incarnent dans tout homme à sa naissance. Sinon,

---

1. Un paradoxe est une affirmation contraire à l'opinion commune.

se demande Platon, comment comprendre que même l'individu le plus sauvage et le plus ignare[1] possède au moins confusément le sens du bien, du mal ou du beau? C'est que l'âme, porteuse de ces principes, se souvient de leur existence.

En se logeant toutefois dans une enveloppe corporelle, ces principes perdent de leur éclat et de leur force. Il s'ensuit que l'homme ne pourra jamais avoir de son vivant une connaissance claire et complète de ce qui régit l'esprit.

Selon cette théorie (le platonisme), tout savoir, tout sentiment éthique ou esthétique[2] n'est donc qu'un reflet dégradé d'une immense réalité spirituelle[3] qui préexiste et survit au monde. Et ce reflet n'est lui-même qu'une aspiration à la retrouver. En ce sens, Platon développe une conception mystique[4] de l'univers. Appliquée au domaine de la passion amoureuse, celle-ci voit logiquement dans l'amour humain le désir nostalgique de l'Amour parfait et éternel; les femmes, beautés terrestres, sont aimées comme reflets de l'éternelle Beauté.

– *L'utilisation du platonisme par Tartuffe*

Tartuffe recourt à la conception platonicienne de l'amour quand il dit à Elmire :

> L'amour qui nous attache aux *beautés éternelles*
> N'étouffe pas en nous *l'amour des temporelles;*
> Nos sens facilement peuvent être charmés
> Des *ouvrages parfaits* que le *Ciel a formés.*
> Ses attraits réfléchis[5] brillent dans vos pareilles.
>
> (v. 933 à 937).

Or le platonisme connaissait au XVIIᵉ siècle un regain d'intérêt. Bien que son auteur fût né avant Jésus-Christ, l'Église catholique ne condamnait pas cette théorie. Elle

---

1. C'est le cas le plus intéressant, parce que cet homme n'a subi aucune influence de la société, qui aurait pu lui *apprendre* les notions de bien ou de mal.
2. L'éthique correspond à la morale. L'esthétique est ce qui se rapporte à la beauté.
3. Une réalité spirituelle désigne ce qui est relatif à la vie de l'âme, de l'esprit.
4. Est mystique ce qui se rapporte à une divinité.
5. Des « attraits réfléchis », c'est-à-dire des attraits qui sont des reflets de la Beauté divine.

estimait son caractère spirituel compatible avec le christianisme. Elle considérait même volontiers qu'elle en était la préfiguration.

On comprend pourquoi, dans ces conditions, Tartuffe recourt au platonisme. C'est le meilleur argument qu'il puisse avancer pour concilier passion et dévotion. Il va même plus loin en le christianisant d'une certaine façon quand il déclare :

> Et je n'ai pu vous voir, parfaite créature,
> Sans admirer en vous l'auteur de la nature.

(v. 941 et 942).

Cet « auteur de la nature » est évidemment Dieu (dont Platon ne parle pas).

• Deuxième argument :
le recours à la tradition littéraire de la préciosité

La préciosité plonge ses racines dans le Moyen Âge, mais c'est dans les années 1650 qu'elle triomphe. À cette époque, la condition réservée aux femmes était souvent ingrate et contraignante. La préciosité réagissait contre cette situation. Elle voulait donner de la valeur, du « prix » (d'où le mot « préciosité ») à l'être humain. Elle s'efforçait de l'élever au-dessus de toute vulgarité et de civiliser les relations entre les hommes et les femmes.

Selon cette tradition, la femme, parée de toutes les vertus, devient un être que l'homme doit conquérir par ses mérites et ses talents. La littérature la dépeint alors comme une déesse parfois presque inaccessible.

Tartuffe s'appuie sur ce courant moral et littéraire en appelant Elmire sa « souveraine » (v. 974), sa « suave merveille » (v. 985). Comme à une déesse, il affirme lui vouer un véritable culte, en évoquant « l'ineffable douceur » de ses « regards divins » (v. 975). La préciosité lui permet d'employer le langage de la dévotion amoureuse, qui reprend souvent les mots de la dévotion religieuse. Force est d'admettre que la confusion des deux dévotions est (de son point de vue) habile.

• Troisième argument :
l'intervention de la « casuistique » jésuite

Tant à la Cour que dans les salons parisiens, la vie mondaine connut au XVIIe siècle un développement progressif et brillant. Elle atteignit à partir de 1660, sous le règne de

Louis XIV, un raffinement jusqu'alors inégalé. Mais les règles qui la codifiaient, s'éloignaient de l'idéal chrétien. La politesse exigeait par exemple de ne pas dire tout ce que l'on pense, surtout s'il s'agissait de choses désagréables (contrairement à ce que fait Madame Pernelle à la scène 1 de l'acte I). N'était-ce pas dans ce cas mentir par omission ou devenir hypocrite ? La réussite à la Cour imposant presque fatalement de neutraliser ses rivaux et de flatter le monarque, fallait-il s'y résoudre au mépris de toute morale ? Bref, pouvait-on concilier les impératifs de la vie en société et les obligations chrétiennes de charité, de sincérité ou de justice?

Les jésuites [1] s'étaient fait une spécialité dans ces tentatives de conciliation. À partir de « cas » précis et concrets, ils s'efforçaient de montrer que l'on pouvait être à la fois parfait(e) homme (ou femme) du monde et parfait chrétien. Ils le faisaient cependant au prix d'acrobaties intellectuelles qui finissaient non seulement par être perverses mais par tout justifier, même le plus grand crime. Ils soutenaient ainsi que *l'intention*, pourvu qu'elle soit bonne, justifie toute mauvaise action. Rien n'est par exemple plus normal que de vouloir s'enrichir; et, puisque c'est normal, les moyens utilisés deviennent secondaires. Cette manière d' « accommoder » (le terme est d'époque) vie mondaine et christianisme, étude de « cas » à l'appui, recevait le nom de « casuistique ». On voit les dangers qu'elle renfermait : on pouvait à la limite tout faire à la condition de déclarer qu'on avait eu le désir de bien agir [2].

Tartuffe ne se prive pas des facilités que lui offre cette casuistique. À le suivre dans son raisonnement, sa liaison avec Elmire ne serait plus un coupable adultère puisqu'elle resterait secrète : pas de « scandale » (v. 1000), pas de péché ! Comme si l'on pouvait cacher quoi que ce soit à Dieu qui, selon la Bible [3], sonde les reins et les cœurs ! Plus clairement encore, à la scène 5 de l'acte IV, Tartuffe recourt à la casuistique quand il évoque l' « art de lever les scrupules » (v. 1486) :

---

1. Les jésuites appartenaient à la Compagnie de Jésus, fondée par Ignace de Loyola en 1540. Ils étaient alors très influents en France.
2. Pascal (1623-1662) dénonça avec vigueur et humour la casuistique dans ses *Provinciales* (1656-1657).
3. Voir p. 33, note 2.

> Le Ciel défend, de vrai, certains contentements;
> Mais on trouve avec lui des *accommodements;*
> Selon divers besoins, il est une science
> D'étendre[1] les liens de notre conscience,
> Et de *rectifier le mal de l'action*
> Avec *la pureté de notre intention.*

(v. 1487 à 1492).

Un théoricien de la casuistique n'aurait pas mieux dit.

Tartuffe ne lève donc pas son masque d'hypocrite devant Elmire. Il le maintient au contraire bien attaché. Il n'omet aucun des arguments qui, pense-t-il, peuvent convaincre la femme d'Orgon de la compatibilité de la dévotion et d'une passion adultère.

L'échec du discours de Tartuffe

D'où vient alors que ni Elmire ni le spectateur ne le croient ? De sa sensualité, qui le trahit. La conception platonicienne de l'amour ne sert qu'à rendre présentable une brutale revendication de « plaisir » (v. 1000). Dès que Tartuffe est seul avec Elmire, il lui tient les « doigts », il lui met la main sur le genou (III, 3). La préciosité dont il pare son aveu est un artifice de langage : il souhaite moins vénérer Elmire qu'obtenir rapidement ses « faveurs » (v. 992). La casuistique dissimule mal son impatience de jouir de « réalités » (v. 1466) plus tangibles.

Quel que soit son talent oratoire, ses gestes et ses attitudes révèlent donc la vraie nature de Tartuffe. L'homme est assez maître de lui pour mesurer et peser ses paroles. Mais il ne l'est pas de son corps. C'est ce qui le perd.

---

1. « Étendre » : distendre.

8 Une satire de la fausse dévotion

Molière attribue l'hostilité que rencontra sa pièce à une cabale montée contre lui. Dans les *Placets*[1] qu'il rédigea pendant la « bataille » de *Tartuffe,* il affirme que les faux dévots, ulcérés d'être démasqués, se seraient ligués pour le perdre. Ils auraient perfidement assimilé la satire de l'hypocrisie religieuse à une critique de la religion; et cette assimilation leur aurait permis de rallier à leur cause des dévots sincères. Bref, Molière s'est toujours présenté en victime de la calomnie et de l'incompréhension.

Ce plaidoyer renferme sans doute une part de vérité. La Compagnie du Saint-Sacrement comprenait assurément quelques faux dévots actifs et sans scrupules[2]. Mais leur malveillance suffit-elle à expliquer la longue interdiction de *Tartuffe* et le scandale qu'il provoqua ? On peut en douter. De nombreuses œuvres, théâtrales ou romanesques, avaient en effet déjà traité de l'hypocrisie religieuse[3]. Aucune d'elles n'avait suscité de réactions. Pourquoi donc *Tartuffe* en souleva-t-il autant et d'aussi vives ?

Ne serait-ce pas parce qu'en dépit des affirmations de Molière, sa comédie attaquait à la fois les faux et les vrais dévots et que, sous prétexte de dénoncer une imposture, elle s'en prenait à la religion elle-même ? Autrement dit, en minimisant la portée de sa pièce et en feignant d'en ignorer la force subversive, Molière ne se comportait-il pas à son tour en tartuffe[4] ?

---

1. Voir p. 9, note 2.
2. Voir p. 13-14.
3. *Les Provinciales* (1656 et 1657) de Pascal, le conte *Les Rieurs du Beau-Richard* de La Fontaine en 1660, une nouvelle romanesque de Scarron, intitulée *Les Hypocrites* (1655), avaient déjà évoqué les faux dévots.
4. Le nom propre de Tartuffe est très vite devenu un nom commun désignant un hypocrite.

La question mérite d'être examinée, dans la mesure où l'accusation d'hypocrisie fut lancée contre lui dès 1665[1] ? Pour y répondre, il convient d'analyser au préalable l'image que Tartuffe véhicule des dévots, ainsi que du christianisme en général.

■■■■■ UNE IMAGE CARICATURALE DES VRAIS DÉVOTS

De tous les personnages de la pièce, deux seulement sont des dévots : Madame Pernelle et son fils Orgon. Les autres sont certes catholiques, mais leur pratique religieuse est plus discrète et ne paraît pas commander chaque geste de leur vie quotidienne.

Or Madame Pernelle et Orgon sont des personnages ridicules : la première, autoritaire, opiniâtre, fait sourire; quant au second, il appartient à la catégorie, comique, des bernés et des dupés[2]. Leur manque de lucidité naturelle les discrédite. Ni l'un ni l'autre ne veulent voir que Tartuffe est un imposteur. Leur dévotion accroît en outre leur aveuglement. S'ils n'avaient pas en effet été dévots, leur attitude aurait eu des conséquences moins catastrophiques. Tout se passe donc comme si, dans *Tartuffe,* Molière attaquait plus que Tartuffe : il attaque celui qui permet à Tartuffe de déployer son hypocrisie, c'est-à-dire Orgon lui-même qui est un vrai dévot. De là à conclure que la leçon de la pièce est que la foi, si sincère soit-elle, plonge les croyants, lorsqu'ils sont peu raisonnables, dans la sottise et l'injustice, il n'y a qu'un pas.

---

1. « Molière est lui-même un tartuffe achevé et un véritable hypocrite », écrit par exemple l'un des contemporains de Molière, Rochemont, dans ses *Observations sur une comédie de Molière intitulée « le Festin de Pierre »* (1655).
2. Sur le comique du personnage d'Orgon, voir p. 61-62.

UNE IMAGE AMBIGUË DU CHRISTIANISME

L'image que *Tartuffe* donne du christianisme est, en outre, ambiguë. Face à Orgon et à sa mère, Cléante y incarne l'homme sensé. Dans la scène 5 de l'acte I, il définit ce que sont, à ses yeux, les vrais dévots et la religion. Or il les définit de façon presque uniquement négative :

> *Ce ne sont point du tout* fanfarons de vertu,
> *On ne voit point* en eux ce faste insupportable,
> Et leur dévotion est humaine, est traitable [1].
> *Ils ne censurent point* toutes nos actions.
>
> (vers 388 à 391).

Selon Cléante, la piété doit rester un sentiment intime, dont toute extériorisation excessive, toute manifestation trop voyante sont suspectes. Il s'agit d'une religion fondée sur le discernement, le juste milieu et la raison.

Or le XVIIᵉ siècle s'en faisait une tout autre idée. L'Église prônait officiellement une séparation radicale entre le monde d'ici-bas et le royaume de Dieu, et la nécessité absolue de mépriser le premier pour entrer, après la mort, dans le second. Cette conviction ne pouvait se satisfaire d'une religion « humaine et traitable » (v. 390), telle que la conçoit Cléante.

Ainsi le personnage le plus raisonnable de la pièce développe-t-il une conception assagie et affadie du catholicisme. D'un côté, il en prend la défense ; mais d'un autre côté, il en présente une image alors peu conforme au dogme. Là réside l'ambiguïté de ses déclarations. Faut-il les interpréter comme une approbation ou comme une critique de la religion ?

L'AMBIGUÏTÉ DE LA PIÈCE DE « TARTUFFE »

C'est cette ambiguïté qui incite à se demander si la pièce de Molière n'a pas d'autre but que de dénoncer les « friponneries » des « faux monnayeurs en dévotion »

---

1. « Traitable » : accommodante, faite de modération.

(premier *Placet*). Comme personne n'a apporté jusqu'à ce jour de réponse à cette question, on doit se limiter à exposer les arguments des uns et des autres.

Selon certains, la pièce de *Tartuffe* constitue une attaque contre la religion

Les partisans de cette hypothèse [1] avancent trois arguments.

● Tartuffe ridiculise un sentiment essentiel de la vie chrétienne : le souci de fuir le péché. Tout croyant doit en effet se méfier des ruses du diable et des tentations de la nature humaine, corrompue par le péché originel [2]. C'est ce que fait Tartuffe. Il s'impute « à péché la moindre bagatelle » (v. 306). Mais il est hypocrite. On ne peut donc pas le prendre au sérieux. Il entraîne ainsi dans le discrédit qui le frappe la crainte même du péché. Il est difficile d'imaginer que Molière ne s'en soit pas aperçu.

● Molière va à l'encontre des efforts des prédicateurs et des moralistes chrétiens de son temps. Contre Dorine qui affirme qu'il faut être hypocrite ou anormal pour s'offusquer d'un décolleté (v. 863 à 868), ceux-ci soutenaient que la « nudité des corps » était coupable [3]. Le mépris des biens matériels affiché par Orgon (v. 484 à 490) était par ailleurs strictement conforme à la morale chrétienne. Or Molière fait d'Orgon un personnage naïf, facile à abuser et, parfois, stupide. Comment, dès lors, accorder crédit à ce qu'il dit ?

● Les déclarations de Cléante réduisent enfin la religion à une simple morale sociale que n'importe qui, même un athée, peut accepter. C'est vider la foi de tout contenu.

---

1. Voir par exemple John Cairncross, « Tartuffe, ou Molière hypocrite », *Revue d'Histoire littéraire de la France,* sept.-déc. 1972, p. 890-901.
2. Sur le péché originel, voir p. 47, note 3.
3. En 1675, l'abbé Jacques Boileau fait paraître un traité, intitulé *De l'abus des nudités de gorge,* dans lequel on peut lire : « Le Démon a mis jusqu'à présent sur leur esprit [celui des femmes] le voile qu'elles devraient mettre sur leur sein. » ,

Selon d'autres, *Tartuffe* n'est pas une attaque contre la religion

À ces arguments, les partisans de la thèse contraire[1] opposent trois objections majeures.

● Il est inconcevable que *Tartuffe* ait été représenté à la Cour, si son intention avait été antichrétienne. Louis XIV ne l'aurait pas permis. En outre, Molière a toujours nié que sa comédie critiquait la religion. Pourquoi ne pas le croire ?

● Si Orgon et Madame Pernelle sont bien ridicules, ils le sont moins parce qu'ils sont dévots que parce qu'ils sont superstitieux. Les prétextes imaginés par Dorine pour contraindre Orgon de reculer la date du mariage de Tartuffe et de Mariane en témoignent. Dorine suggère à Mariane d'invoquer quelques « présages mauvais », un « miroir cassé » ou la rencontre d'un « mort » (v. 804 à 806). Si Dorine donne ces conseils, c'est qu'elle pense que ces « présages » sont de nature à intimider Orgon. En outre, celui-ci vit dans la crainte perpétuelle et servile de Dieu (v. 1484). Ce comportement n'a rien à voir avec le christianisme.

● Il existait enfin, au XVIIᵉ siècle, une forme de catholicisme qui s'efforçait de concilier la raison et la foi : tel était le sens de l'*Introduction à la vie dévote* (1610) de saint François de Sales. La position sage et raisonnable de Cléante n'est donc pas si suspecte qu'il peut y paraître de prime abord.

Ce débat est la preuve même de la richesse d'un chef-d'œuvre comme *Tartuffe* dont le sens est inépuisable et qui peut se prêter à de multiples interprétations.

---

1. Voir, par exemple, Raymond Picard, « *Tartuffe,* production impie ? », dans *Mélanges offerts à Raymond Lebègue* (Nizet, 1969, p. 227-239); Gérard Ferreyrolles, *Tartuffe* (PUF, 1987, p. 95-100).

9 Le comique dans Tartuffe

À première vue, l'hypocrisie religieuse est un sujet grave, davantage propre à susciter l'indignation et la réflexion que l'amusement. Molière n'a pourtant pas écrit une pièce sérieuse : *Tartuffe* reste une comédie, d'abord destinée à divertir le spectateur. Le comique de farce, l'ironie[1] et les bons mots de Dorine, le comique de caractère[2] dont témoignent involontairement Orgon et le personnage même de Tartuffe assurent la permanence du rire ou du sourire.

■■■■ LE COMIQUE DE FARCE

Présent dans quelques scènes seulement, le comique de farce s'appuie sur des procédés simples mais efficaces. Il revêt trois formes : le comique de gestes, le langage populaire et le comique de situation.

Le comique de gestes

Molière a multiplié les didascalies[3] qui indiquent comment les acteurs doivent jouer. La plupart d'entre elles concernent le comique de geste. Ce sont des gifles, toujours sans gravité dans une comédie. Madame Pernelle gifle la pauvre Flipote coupable de se taire et de ne pas assez se hâter (v. 169 à 171) ! Orgon veut, de son côté, donner un « soufflet » à Dorine et la manque (v. 579).

---

1. Sur l'ironie, voir p. 16, note 1.
2. Le comique de caractère est le comique qui provient d'un trait de caractère (comme, par exemple, la peur qu'un avare a d'être volé).
3. Une didascalie est une indication de mise en scène.

La scène de dépit amoureux[1] entre Mariane et Valère (II, 4) suscite également le sourire : Dorine est contrainte de courir de l'un à l'autre pour les réunir, en les retenant par le bras.

Le jeu de chaises qui se produit lors de la première rencontre entre Tartuffe et Elmire (III, 1) est encore une source de comique : plus Elmire recule sa chaise, plus Tartuffe avance la sienne.

Un langage populaire

La manière dont s'expriment les personnages relève parfois du registre familier ou populaire. Régulièrement apparaissent dans la pièce des mots ou des expressions qui font ainsi rire : « forte en gueule » (v. 14); « gaupe[2] »; « vous serez, ma foi, tartuffiée » (v. 674); « quel caquet est le vôtre » (v. 821)...

Le comique de situation

Le stratagème auquel recourt Elmire pour désabuser son mari appartient enfin à l'une des ruses les plus anciennes de la comédie : celle de cacher un personnage. Si Scapin dans *Les Fourberies de Scapin* enferme son maître dans un sac, Elmire dissimule Orgon sous la table (IV, 3). La situation devient en elle-même comique.

■■■■ L'IRONIE ET LES BONS MOTS DE DORINE

Dorine est, d'un bout à l'autre de la pièce, le personnage comique de *Tartuffe*. Perspicace, intelligente, toujours de bonne humeur, elle use tour à tour de l'ironie et de bons mots avec un entrain infatigable.

---

1. Le dépit amoureux est une bouderie passagère entre deux amoureux qui croient découvrir (à tort) de la froideur chez l'autre.
2. « Gaupe » (v. 171) : femme négligée. Le terme était alors très familier.

L'ironie de Dorine

Sans pitié pour Orgon, Dorine se moque en permanence de lui. Mais c'est surtout au dernier acte qu'elle lui fait sentir son aveuglement en lui rappelant ce qu'il a été ou ce qu'il a dit. Quand Madame Pernelle nie que Tartuffe puisse être un scélérat malgré ce que lui révèle son fils, Dorine lui lance :

> Juste retour, Monsieur, des choses d'ici-bas :
> Vous ne vouliez point croire, et l'on ne vous croit pas.

> (v. 1695-1696).

Ou encore, elle répète, exprès, l'exclamation du « pauvre homme » (v. 1657) qu'Orgon avait à plusieurs reprises employée au début de la pièce (I, 4). C'est enfin avec une ironie acerbe qu'elle apostrophe Orgon pour essayer de lui faire prendre conscience de son entêtement quand, Tartuffe devenu riche, elle lui dit :

> Vous vous plaignez à tort, à tort vous le blâmez,
> Et ses pieux desseins par là sont confirmés.

> (v. 1815-1816).

Les bons mots de Dorine

Cette servante conserve en outre le parler le plus naturel qui soit, jusque dans sa verdeur. Voici comment elle dépeint Orgon et Tartuffe déjeunant ensemble :

> À table, au plus haut bout il veut qu'il soit assis;
> Avec joie, il l'y voit manger autant que six;
> Les bons morceaux de tout, il fait qu'on les lui cède;
> Et, s'il vient à roter, il lui dit : « Dieu vous aide ! »

> (v. 191-194).

Le récit est aussi savoureux que révélateur de la folie d'Orgon.

Dorine n'hésite pas à utiliser la veine gauloise pour amener Mariane à se révolter contre la décision d'Orgon de lui faire épouser Tartuffe. Elle lui montre ce que sa résignation a de ridicule en des termes gaillards :

> Non, il faut qu'une fille obéisse à son père
> Voulût-il lui donner un singe pour époux.

> (v. 654-655).

Ou encore :

> Point. Tartuffe est votre homme, et vous en tâterez.

(v. 672).

Si le spectateur rit de Madame Pernelle, il rit en revanche avec Dorine, tant ses répliques sont pleines de vivacité et de bon sens[1].

■■■ LE COMIQUE DE CARACTÈRE

Malgré les périls dans lesquels son aveuglement fait courir sa famille, Orgon est un personnage comique; il l'est par sa « folie » même qui le transforme en monomaniaque[2] et par ses contradictions.

La « folie » monomaniaque d'Orgon

Cléante et Dorine qualifient Orgon de la même façon : il est « fou », « fou de Tartuffe » (v. 195 et 311). Cette folie se traduit par des répliques mécaniques, donc risibles. La plus célèbre d'entre elles est « Le pauvre homme », quatre fois répétée (v. 235, 241, 249 et 256). Cette réplique est amusante parce qu'elle relève du comique de l'absurde[3]. La compassion d'Orgon devrait en effet s'exercer à l'égard de sa femme malade, non sur Tartuffe qui est bien portant.

Sa « folie » touche par ailleurs au ridicule le plus achevé quand il propose à sa propre fille le mariage avec Tartuffe comme s'il s'agissait d'un sacrifice qu'elle offrirait au Christ.

> Debout ! Plus votre cœur répugne à l'accepter,
> Plus ce sera pour vous matière à mériter.
> Mortifiez vos sens avec ce mariage.

(v. 1303 à 1305).

---

1. Voir encore les vers 256 à 258; 863 à 868.
2. Un monomaniaque est un homme qui a une manie, une idée fixe.
3. Le comique de l'absurde est un comique qui naît de l'illogisme de propos ou d'une situation.

Dans un autre contexte, de tels propos inquiéteraient. Mais le spectateur sait qu'au XVIIe siècle une comédie se termine toujours bien. Aussi les paroles d'Orgon perdent-elles toute résonance effrayante pour apparaître pour ce qu'elles sont : stupides, donc comiques.

Les contradictions d'Orgon

Orgon est enfin rempli de contradictions. Lui qui souhaite se conformer le mieux possible à l'idéal chrétien, se met souvent en colère. Quand il veut réduire Dorine au silence, il ne trouve pas d'autre méthode que de la menacer :

> Ah ! vous êtes dévot, et vous vous emportez !   (v. 552),

lui rétorque justement Dorine. Pris en flagrant délit d'inconséquence, Orgon ne peut que faire sourire. De même, après avoir hautement affirmé son autorité paternelle en imposant à sa fille d'épouser Tartuffe (II, 1), il se laisse prendre aux pièges de Dorine qui discute sa décision, puis d'Elmire qui le met dans la situation peu confortable de se glisser sous la table.

▰▰▰ TARTUFFE, PERSONNAGE COMIQUE

Tartuffe lui-même est enfin source de comique, mais d'un comique qui repose sur un ressort subtil, caractéristique de la grande comédie classique. Il s'agit d'un comique raffiné, qui fait participer le spectateur, pour son plaisir, à un jeu intellectuel.

Une dévotion excessive qui sonne faux

Tartuffe est un acteur mais c'est un mauvais acteur. C'est par ce décalage permanent entre son masque (de dévot) et son visage qu'il devient comique. La contradiction est sans cesse flagrante. On rit de son humilité ostentatoire, parce qu'elle sonne faux, exactement comme on rirait d'un mauvais comédien. Son austérité gloutonne amuse également. Aussi convient-il de prendre au pied de la lettre les commentaires d'Elmire sur la déclaration amoureuse que lui a faite Tartuffe :

> Une femme se rit de sottises pareilles.   (v. 1033).

> Pour moi, de tels propos je me ris simplement.   (v. 1327).

Parce que Molière nous montre un hypocrite qui ne parvient jamais à faire oublier (sauf à Orgon et à sa mère) qu'il est un hypocrite, Tartuffe appartient à la catégorie des imitateurs en définitive maladroits. Par là, il reste un personnage de comédie.

En 1688, La Bruyère proposera dans ses *Caractères* un portrait nouveau et actualisé de l'hypocrite, sous le nom d'Onuphre; et son personnage s'avérera beaucoup plus inquiétant que Tartuffe, car il deviendra presque impossible de le démasquer, tant son art du mensonge sera parfait : « Il [Onuphre] ne dit point : *Ma haire et ma discipline,* au contraire; il passerait pour ce qu'il est, pour un hypocrite, et il veut passer pour ce qu'il n'est pas, pour un homme dévot : il est vrai qu'il fait en sorte que l'on croit, sans qu'il le dise, qu'il porte une haire et qu'il se donne la discipline [1]. » Pour faire rire, Molière a choisi de laisser constamment percer l'être sous le paraître. Cette dissociation est à l'origine du comique du personnage.

Un personnage parodique

Certaines tirades de Tartuffe offrent enfin le plaisir de la parodie [2] des discours dévots. Ni le spectateur ni Elmire ne peuvent en effet se laisser prendre au style dévot [3] des déclarations amoureuses de Tartuffe, tant elles sont sur le fond fallacieuses. Mais Elmire et le spectateur s'amusent des efforts et parfois de l'ingéniosité que l'hypocrite déploie pour cacher sa sensualité. Le comique devient alors ce « rire dans l'âme [4] » avec lequel Molière voulait plaire aux gens cultivés de son temps.

---

1. La Bruyère, *Les Caractères,* « De la mode », 24.
2. Une parodie est une caricature du ton, du langage et du style propres à une personne.
3. Voir p. 45 à 47.
4. L'expression « rire dans l'âme » fut utilisée à propos du *Misanthrope.*

10 Une pièce classique

Quand *Tartuffe* est créé en 1669, le classicisme domine. Ce courant, apparu vers 1640, s'est en effet progressivement imposé pour régner presque sans partage dans les années 1661 à 1685. *Tartuffe* en porte la marque. Aussi, avant d'examiner en quoi la pièce est classique, convient-il de rappeler brièvement ce que fut la doctrine classique.

■■■■ DÉFINITION DU CLASSICISME

L'esprit classique

Le classicisme se caractérise par son goût de l'absolu et de l'essentiel. Il néglige le détail, l'individuel pour privilégier ce qui est permanent. Son ambition est d'élaborer des œuvres qui s'adressent à tous les hommes de toutes les époques. Il tend à l'universalité.

Pour réaliser cet objectif, l'écrivain classique se doit de respecter trois grands principes :

– se conformer à la raison, c'est-à-dire s'en tenir à des vérités qui puissent être admises par la plupart de ses contemporains;

– insister sur la logique et la vraisemblance des caractères dépeints;

– pratiquer un style sobre, étranger à tous les excès.

Le théâtre classique

Ces exigences se traduisaient concrètement, pour le théâtre, par un certain nombre de règles, qui concernaient le temps, le lieu, l'action, l'intérêt dramatique et le dénouement de la pièce. Les théoriciens (tels que Boileau dans son *Art poétique*) les rappelaient sans cesse. Elles remontaient, pour l'essentiel, à la *Poétique* d'Aristote [1]. Et on désigne sous le nom de dramaturgie l'ensemble de ces règles qu'appliquait tout auteur pour construire une pièce de théâtre.

La dramaturgie classique codifiait en priorité la tragédie. La comédie, quant à elle, bénéficiait d'une plus grande liberté de manœuvre. Mais dans son désir, maintes fois proclamé [2], d'élever le genre de la comédie à la même dignité que la tragédie, Molière écrit avec *Tartuffe* (ainsi qu'avec *Le Misanthrope*) l'une des comédies les plus conformes à l'idéal classique.

La doctrine de l'« imitation »

Les « règles » de la dramaturgie classique découlaient logiquement de l'idée qu'on se faisait du théâtre, alors conçu comme l'« imitation d'une action ». En d'autres termes, il convenait d'entretenir le spectateur dans l'illusion qu'il assistait non pas à la représentation d'une œuvre de fiction, mais au déroulement sur scène d'une histoire réelle. Les « règles » avaient donc pour but de faire naître un certain plaisir : celui de se croire le témoin privilégié d'une aventure authentique.

▬▬▬ L'UNITÉ DE TEMPS

En conséquence de cette théorie, les auteurs s'efforçaient de rapprocher les deux temps inhérents à toute représentation théâtrale : la durée objective du spectacle (trois heures et demie environ, à l'époque, pour une pièce en cinq actes) et la durée supposée de l'intrigue. L'idéal était de les faire coïncider. Mais comme c'était pratiquement irréalisable, on avait fini par admettre que la longueur représentée ne devait pas dépasser vingt-quatre heures.

---

1. Ce philosophe grec avait exposé dans cet ouvrage les principales lois de la tragédie. Comme le XVIIᵉ siècle tenait la tragédie grecque pour un modèle presque inégalable, les dramaturges français appliquaient les règles édictées par Aristote.
2. Par exemple, dans *La Critique de l'École des femmes,* sc. 6.

Au-delà, pensait-on, se produisait entre temps réel et temps fictif de la représentation un trop grand décalage, préjudiciable à la vraisemblance. Le spectateur ne pourrait plus croire qu'en un peu plus de trois heures de spectacle on lui présente des événements censés se dérouler sur plusieurs jours. L'« unité de temps » apparaissait donc comme un gage de crédibilité.

Tartuffe la respecte scrupuleusement. Le texte comporte deux indications chronologiques : au début de l'acte IV, quand Tartuffe quitte Cléante, il est « trois heures et demie » (v. 1266); et, à la scène 4 de l'acte V, M. Loyal parle de passer la nuit chez Orgon (v. 1783).

L'action des trois premiers actes a donc certainement lieu le matin : quand Tartuffe descend de sa chambre à la scène 2 de l'acte III, il n'a pas encore déjeuné. Les deux derniers actes se déroulent dans l'après-midi et dans la soirée.

Il faut certes tenir compte du temps qui s'écoule durant les entractes. Un délai est ainsi nécessaire entre les actes II et III afin que Dorine consulte Elmire sur le projet d'Orgon de marier sa fille à Tartuffe. De même, le quatrième acte, sur le plan de l'action, ne s'enchaîne pas directement sur le troisième : il faut qu'Orgon ait le temps de faire les papiers établissant la donation de ses biens à Tartuffe. Un intervalle sépare enfin les actes IV et V : chassé de la maison d'Orgon, Tartuffe doit avoir la possibilité matérielle d'obtenir une décision de justice imposant l'exécution du contrat de donation, puis de se rendre au palais du Louvre, chez le roi, pour y dénoncer son bienfaiteur comme complice des frondeurs[1].

Ces démarches exigent sans doute plusieurs heures. Peuvent-elles se dérouler en un seul jour ? On peut le supposer. D'une part, en effet, les théoriciens admettaient une accélération des événements en fin de pièce, afin que ne faiblisse pas l'intérêt dramatique; d'autre part, Tartuffe a pu ou dû nouer des relations avec des personnages importants, vrais ou faux dévots comme lui[2], qui lui facilitent la besogne.

Au total, l'intrigue de *Tartuffe* peut, sans heurter la vraisemblance, se passer en moins de vingt-quatre heures.

---

1. Sur la Fronde, voir p. 24, note 1.
2. Voir p. 12 à 14.

◼◼◼◼ L'UNITÉ DE LIEU

L'« unité de lieu » est une conséquence de l'« unité de temps ». Une pièce de théâtre ne devait pas comporter de changements de lieux plus importants que les moyens de communication de l'époque ne permettaient d'en effectuer en un jour. L'invraisemblance aurait été évidente dans le cas contraire.

Cette « unité de lieu » est parfaitement observée dans la pièce. La scène est à Paris, dans la maison d'Orgon et, plus précisément encore, dans le salon situé au rez-de-chaussée [1]. C'est l'espace où se croisent les habitants et les visiteurs de la maison.

◼◼◼◼ L'UNITÉ D'ACTION

L'« unité d'action » imposait de centrer l'intérêt sur une seule intrigue. Ce qui ne signifiait pas l'absence totale d'intrigue secondaire : « Ce qu'il fallait, c'est que les divers fils que pouvait comporter une intrigue fussent tissés de telle sorte que tout acte ou parole des personnages réagît sur le destin de tous les autres, et que chaque détail se subordonnât à l'action principale [2]. »

De fait, *Tartuffe* comprend deux actions : l'une principale, l'autre secondaire. La manière dont Tartuffe abuse Orgon, le dépossède de ses biens, le chasse de chez lui et son arrestation finale constituent l'action principale. Le mariage de Mariane est l'enjeu de l'action secondaire.

Entre ces deux actions existent toutefois des liens étroits, puisque c'est à l'occasion du projet d'Orgon de marier sa fille à Tartuffe qu'Elmire se décide à agir, qu'elle fait tomber l'hypocrite dans un piège et qu'elle le démasque. La défaite puis l'arrestation de l'imposteur provoquent le retour à la paix et à l'harmonie familiale. Chacun, désormais, sait à quoi s'en tenir sur l'hypocrite (même Madame Pernelle !). Valère pourra épouser Mariane, comme il en avait été convenu avant que Tartuffe s'installe chez Orgon.

---

1. Voir p. 35, note 1.
2. Jacques Truchet, *La Tragédie classique en France,* PUF, 1975, p. 32.

■■■■ L'INTÉRÊT DRAMATIQUE

À aucun moment, l'intérêt que suscite la pièce ne faiblit. Dans la scène 1 de l'acte I, Madame Pernelle, en disant à chacun ses quatre vérités, présente tous les personnages de la comédie; et elle-même se dépeint dans ses paroles et ses réactions outrancières. C'est un modèle de scène d'exposition, qui dresse le cadre social de l'action.

À partir de là, Molière dispose, selon une progression calculée, les éléments de son intrigue. On découvre à la scène 2 de l'acte I combien Orgon est entiché de Tartuffe et, à la scène 3, que Valère souhaite épouser Mariane. Leur union se trouve contrariée à l'acte II par la volonté d'Orgon de donner sa fille à Tartuffe. Mais c'est presque aussitôt pour apprendre que celui-ci convoite en réalité Elmire (III, 3).

Chaque grande séquence de la pièce apporte donc de nouvelles informations qui complètent et corrigent les précédentes. Degré par degré, l'analyse de l'hypocrisie de Tartuffe s'approfondit pour apparaître dans sa crudité et sa monstruosité.

La défaite de l'imposteur s'effectue également par étapes, selon une gradation qui prend à contre-pied les espoirs ou les craintes du spectateur. Quand on croit Tartuffe démasqué et perdu, l'hypocrite rétablit la situation à son avantage : après que Damis l'a dénoncé à son père, Orgon, dans son aveuglement, chasse... son fils, non Tartuffe (III, 6). Lorsqu'en revanche le fourbe s'empare des biens d'Orgon et que son triomphe semble définitivement assuré (IV, 7), un coup de théâtre provoque sa chute. Molière sait à l'évidence ménager ses effets.

■■■■ LE DÉNOUEMENT EST-IL ARTIFICIEL ?

Le dénouement de *Tartuffe* a longtemps été critiqué. Aussi convient-il de l'examiner de plus près, et de voir quels griefs on peut lui adresser avant de se demander s'il n'est pas au contraire logique et nécessaire.

Les griefs formulés
contre le dénouement

Le principal reproche [1] concerne l'arrestation imprévue et imprévisible de Tartuffe par l'Exempt. Elle a pour cause le coffret qu'Orgon a remis à Tartuffe, qui s'empresse de son côté de le porter au roi comme preuve (fausse évidemment) de la complicité d'Orgon avec les frondeurs [2]. Or, de cette « cassette », il n'est question qu'à la toute dernière fin de l'acte IV (v. 1572). Conformément au schéma des comédies de l'époque (et de celles de Molière), la pièce évoquait des problèmes domestiques tels que l'accaparement des biens d'Orgon par Tartuffe ou le sort de Mariane. Avec la « cassette », elle prend une direction et une dimension politiques, puisque le roi fait intervenir l'Exempt pour rétablir l'ordre et la justice.

Cette évolution que rien ne laissait auparavant présager contredit l'une des règles de la dramaturgie classique, exigeant que le dénouement fût en germe dès le début de l'action et en cohérence avec elle. L'intervention royale qui, seule, permet la mise hors d'état de nuire de l'imposteur, semble dès lors s'apparenter au procédé artificiel du *deus ex machina* [3].

Un dénouement logique

D'autres interprétations se sont au contraire attachées à justifier le dénouement de *Tartuffe* en soulignant que s'il est imprévu, il demeure logique et vraisemblable. Pour des raisons politiques d'abord. Il est normal, en effet, que le souverain s'occupe directement d'une affaire d' « État » (v. 1838), qui implique un grand bourgeois, au passé connu [4], dans un crime de lèse-majesté [5]. Pour des raisons

---

1. Ce reproche fut formulé dès la création de la pièce par les critiques et les « doctes » du temps.
2. Voir p. 23, note 1.
3. « *Deus ex machina* » : expression latine couramment utilisée dans le vocabulaire théâtral. Elle signifie au sens strict « un dieu descendu sur scène au moyen d'une machine », pour provoquer, le dénouement surnaturel d'une pièce. Par extension, elle désigne toute fin invraisemblable.
4. Voir p. 35-36.
5. Vers 1830 à 1840. Un crime de lèse-majesté, alors l'un des plus graves de tous, est une atteinte physique (un attentat) ou morale (trahison, calomnie) à la majesté souveraine.

psychologiques et idéologiques ensuite. Dans l'esprit de l'époque, le roi est constamment associé à la notion de père. Comme le père est roi dans sa famille, le roi est le père de son peuple[1]. La clairvoyance du prince se substitue ainsi à celle, défaillante, du père de famille qu'est Orgon. Pour des raisons juridiques enfin. De par la volonté expresse de Louis XIV, il était possible à n'importe lequel de ses sujets d'avoir (à certains jours et à certaines heures) accès auprès du roi. La démarche de Tartuffe auprès du monarque et les réactions de celui-ci n'ont donc rien de factice.

Un dénouement nécessaire

Logique, ce dénouement est aussi nécessaire. Dans la préface de sa pièce, Molière écrit : si le but de « la comédie est de corriger les vices des hommes, je ne vois pas par quelle raison il y en aura de privilégiés. Celui-ci [le vice de l'hypocrisie] est, *dans l'État,* d'une conséquence bien plus dangereuse que tous les autres ».

L'hypocrisie représente alors un danger moral pour l'État. Elle sape en effet la foi qui soutient un royaume considéré comme très chrétien et dont le roi porte le titre officiel de « Sa Majesté très catholique ». Elle détruit ensuite l'idée même de franchise, de sincérité sur laquelle repose toute société humaine, selon les théoriciens politiques français.

Le dénouement, envisagé sous cet angle, invite donc à lire la pièce non comme un simple fait divers, mais comme un fait de société, qui met en jeu la cohésion même du pays. On comprend dans ces conditions que l'Exempt entreprenne l'éloge du souverain (v. 1905 à 1919). Cet éloge n'est pas une flatterie; il célèbre les vertus réelles que le roi vient de manifester en mettant fin aux manœuvres d'un imposteur dangereux pour tous.

---

1. « Nommer un roi père de son peuple n'est autre chose que l'appeler par son nom », dira La Bruyère *(Les Caractères).*

11 Des éléments baroques

Bien que *Tartuffe* soit une comédie classique[1], la pièce possède une évidente coloration baroque par le jeu sur l'être et le paraître que crée l'hypocrisie de Tartuffe. Mais avant d'analyser cette notion et ses conséquences, il convient de préciser ce qu'est le baroque.

DÉFINITION DU BAROQUE

D'origine portugaise, le mot « baroque » désignait une perle de forme irrégulière. Par extension de sens, il qualifia ce qui était considéré comme bizarre, extravagant, hors des normes et des codes sociaux.

Avant d'être une expression artistique, le baroque est une manière de concevoir le monde. Rien n'y est perçu comme stable et absolu. Tout y est au contraire fuyant et fugitif. Seule compte en définitive l'apparence. Le baroque privilégie les dehors au détriment de l'être intime. Cette vision de l'existence conduit, sur le plan esthétique[2], à mettre l'accent sur des formes courbes, sur une décoration exubérante, bref sur le paraître. Le courant baroque domina la littérature française dans les années 1630 à 1640 pour s'effacer ensuite devant le classicisme. Il ne disparut pas pour autant complètement. Même en plein triomphe du classicisme, il en subsista des reflets.

---

1. Voir le chapitre 10.
2. L'esthétique est ce qui traite de la beauté dans le domaine artistique.

■■■■■■ L'ÊTRE ET LE PARAÎTRE

L'hypocrisie est un thème baroque par excellence. Elle implique, en effet, par définition que ce qui est dit ne correspond pas à la réalité. C'est un mensonge; et tout mensonge n'est qu'apparence.

La présence même de Tartuffe introduit ainsi un jeu sur l'être et le paraître. Mais Tartuffe *ne dit jamais* qu'il est un hypocrite, c'est-à-dire qu'il est en train de jouer un rôle. Aucun aparté [1], aucun monologue [2], aucune conversation avec son valet Laurent ne nous renseigne sur ce qu'il pense vraiment. Et même quand, à la fin de la pièce, il est démasqué, Tartuffe ne reconnaît pas qu'il est un faux dévot et donc qu'il a menti.

La question devient dès lors celle de savoir comment, à l'exception d'Orgon et de Madame Pernelle, les autres personnages s'aperçoivent que Tartuffe *joue* au dévot.

Tartuffe et le paraître

Dès sa première apparition, avant qu'il ait prononcé la moindre parole, on surprend Tartuffe en train de se composer un visage. La didascalie [3] initiale de la scène 2 de l'acte III *(Tartuffe apercevant Dorine)* indique clairement que ce qu'il dit à Laurent (resté dans les coulisses) est en réalité destiné à être entendu par Dorine. Si celle-ci n'était pas là, Tartuffe se tairait ou dirait autre chose. Or de quoi parle-t-il ? De ses prétendues obligations de dévot (v. 853 à 856). Cet instant est fugitif mais capital. Le comédien professionnel qui interprète le rôle de Tartuffe doit, sous peine de contresens, l'indiquer dans son jeu, par la transformation, par exemple, de sa contenance. Il s'ensuit que Tartuffe, en feignant d'être dévot, joue un rôle. Il devient à sa façon un acteur.

---

1. Un aparté est un discours, bref ou long, qu'un acteur dit à part soi, de manière à n'être entendu que des spectateurs.
2. Un monologue est une scène où un personnage est seul et se parle à lui-même.
3. Une didascalie est une indication de mise en scène glissée par le dramaturge dans le corps de son texte.

LE THÉÂTRE
DANS LE THÉÂTRE

Lorsque cet hypocrite est un personnage de théâtre, il introduit, dès lors, sur la scène une dimension supplémentaire : celle du théâtre dans le théâtre.

Qu'est-ce que le théâtre dans le théâtre ?

Sous sa forme la plus évidente, le procédé apparaît chaque fois qu'une pièce prend pour thème le métier même de comédiens. Comme leur profession est de jouer, ils jouent. Deux pièces s'enchâssent ainsi l'une dans l'autre : la première (A) constitue le spectacle auquel les spectateurs assistent : et ce spectacle réside dans la représentation sur scène d'une seconde pièce (B). Autrement dit, les personnages de la pièce A représentent des acteurs qui, dans la pièce B, campent d'autres personnages. L'exemple le plus élaboré du théâtre dans le théâtre est *L'Illusion comique* (1635-1636) de Pierre Corneille[1].

Le procédé peut toutefois connaître des applications moins immédiatement perceptibles. Point n'est en effet besoin de centrer une pièce sur des personnages qui soient des acteurs pour qu'il existe. Il suffit qu'un personnage cherche à imposer (quelle qu'en soit la raison) une fausse idée de lui : tel est le cas du fanfaron qui veut faire passer pour vrais ses exploits imaginaires; ou, précisément, de Tartuffe, l'hypocrite.

Des comédiens dans la comédie

Ce triomphe du paraître conduit en effet à créer dans la comédie globale de *Tartuffe* des comédies secondaires. Les personnages deviennent des acteurs. C'est évident dans le cas de Tartuffe dont toute l'existence chez Orgon se réduit à l'interprétation du rôle de l'hypocrite. Mais il est loin d'être le seul personnage de la pièce à devenir acteur.

---

1. Sur *L'Illusion comique,* voir le Profil n° 154.

● **Elmire actrice.** Pour tromper le trompeur, Elmire accepte (IV, 5) d'interpréter la comédie de la femme amoureuse, avec, comme public, son mari caché sous la table. Bien qu'elle déteste Tartuffe, elle doit le convaincre qu'elle l'aime pour l'amener à lui faire la cour et provoquer l'irruption d'Orgon scandalisé. Il faut que l'actrice (professionnelle) jouant le rôle d'Elmire simule la coquette et la séductrice.

Valère et Mariane acteurs malgré eux

L'espace d'une scène (II, 2), Valère et Mariane se jouent également la comédie. Un quiproquo[1] s'installe en effet entre eux, après qu'Orgon a fait part à sa fille de son intention de la marier à Tartuffe. Abasourdie, désespérée, Mariane, sous le choc de cette annonce, ne sait que décider. Valère en conclut à tort à l'acceptation ou à la résignation de sa fiancée. Blessé, il joue le rôle de l'indifférent. Affligée, Mariane joue à son tour à la jeune fille insensible. Chacun d'eux campe un personnage qui ne correspond pas à ce qu'il est. Certes, à la différence d'Elmire qui sait feindre devant Tartuffe, Mariane et Valère sont des comédiens malgré eux, par dépit. L'un ignore que l'autre ne dit pas la vérité : de là vient la poursuite du malentendu. Il n'en reste pas moins que tous deux simulent, sous le regard amusé de Dorine.

Tartuffe invite ainsi à s'interroger sur le vrai et le faux, sur le réel et l'apparence. Le théâtre dans le théâtre est l'illusion parfaite. Orgon croit que Tartuffe est un dévot, alors que celui-ci ne l'est pas. Elmire l'attire dans un piège en jouant à la séductrice. Prenant ce qu'il voit pour la réalité, Tartuffe se laisse abuser. Mariane et Valère s'accusent d'indifférence, alors qu'ils s'aiment. Ce jeu sur la vérité et la fiction est typiquement baroque.

---

1. Un quiproquo est une méprise.

12 Les mises en scène modernes

Depuis sa création le 5 février 1669, *Tartuffe* est constamment resté au répertoire des théâtres. L'historique des mises en scène du passé ne concernant que les spécialistes, on s'attardera seulement sur celles qui ont le plus compté depuis 1950. Elles constituent autant de visions, parfois très différentes les unes des autres, du personnage de Tartuffe et de la pièce.

UN TARTUFFE ASCÉTIQUE

En 1950, le grand acteur Louis Jouvet donna une interprétation de *Tartuffe* qui fut très discutée. Dans un décor stylisé à l'extrême, dépouillé, sans aucun accessoire sur scène (sauf la table recouverte d'un tapis sous laquelle se cache Orgon), il campa un Tartuffe sévère, au teint blême et aux gestes lents et économes. Il y était certes impossible de reconnaître l'hypocrite « vermeil », « fleuri », jouisseur et sensuel que dépeint Dorine. Mais c'était donner au personnage un sens nouveau : celui d'un dévot, naguère sincère, que la sensualité et le désir de posséder Elmire auraient soudain égaré et détourné de sa foi. C'était tenter de répondre à une question à laquelle Molière ne répond pas : Tartuffe, malgré son hypocrisie, croit-il ou a-t-il cru en Dieu ?

UN TARTUFFE HOMOSEXUEL

En 1962, Roger Planchon monte *Tartuffe* dans son Théâtre de la Cité à Lyon. Son intention, disait-il, était de « mettre à jour le niveau le plus obscur des rapports entre les personnages et [de] rendre compte le plus clairement possible du contexte social et historique ». Éclairé d'une froide lumière blanche, le salon d'Orgon (des boiseries claires et des tableaux religieux) se trouvait bouleversé au fur et à mesure que se déroulait l'action, comme pour traduire visuellement le désarroi de la famille d'Orgon.

Selon Planchon, un attachement homosexuel inconscient soumet Orgon à Tartuffe et lui fait passer outre aux alarmes de sa femme. C'est prendre au pied de la lettre ces vers de Dorine :

> Il l'appelle son frère, et l'aime dans son âme
> Cent fois plus qu'il ne fait mère, fils, fille et femme [...]
> Il le choie, il l'embrasse; et pour une maîtresse
> On ne saurait, je pense, avoir plus de tendresse.

(vers 185 à 190).

Une telle interprétation met l'accent sur de profondes et possibles raisons de la soumission d'Orgon à Tartuffe. Roger Planchon réhabilitait par ailleurs le rôle de l'Exempt. Avec lui surgissaient sur scène des policiers : la pièce prenait un tour inquiétant, laissait entendre qu'un « ordre moral » répressif était en marche.

■■■■■ UN TARTUFFE VIOLEUR

En 1978, au Festival d'Avignon, Antoine Vitez donna une interprétation très personnelle de la pièce. On y voyait apparaître un Tartuffe jeune, en chemise bouffante, le col largement ouvert et violant Elmire. Bien que rien dans le texte de Molière ne suggère pareille éventualité, la pièce eut un énorme succès. Antoine Vitez usait volontairement de la provocation, libérant les personnages des contraintes historiques et morales pour offrir une image plus libre de l'œuvre.

■■■■■ « TARTUFFE » À MOSCOU

Quelque temps après, Vitez mettait en scène *Tartuffe* à Moscou. Il avait placé au centre du décor un gigantesque portrait de Louis XIV, symbole aux yeux du public soviétique de la dictature (passée et présente, française et soviétique). L'Exempt devenait un agent du Guépéou, la police soviétique. Tartuffe incarnait l'hypocrite passé par intérêt au service de l'ordre établi.

▄▄▄▄▄ GÉRARD DEPARDIEU ET TARTUFFE

Acteur de cinéma, Gérard Depardieu joua enfin, en 1983, Tartuffe au Théâtre national de Strasbourg. Fortement maquillé, avec une opulente chevelure blonde, il ne donnait pas l'impression d'un personnage se livrant (au moins en apparence) à des exercices de piété. Mais contrastant avec son physique et son costume voyant, il parlait d'une voix très douce, presque doucereuse, propre à suggérer l'hypocrisie et la manière dont Tartuffe était arrivé à s'incruster dans la famille d'Orgon.

▄▄▄▄▄ LES MISES EN SCÈNE MODERNES

Les grandes mises en scène modernes travaillent dans trois grandes directions. Qui est vraiment Tartuffe ? Comment arrive-t-il à aveugler à ce point Orgon ? Comment reconstituer le pesant climat religieux, sans lequel les faux dévots ne pourraient prospérer ?

Depuis 1950, *Tartuffe* connaît ainsi une nouvelle jeunesse. Il ne se passe pas d'années sans que la pièce soit à l'affiche d'un théâtre. Peut-être parce que le réveil des sectes et l'influence des gourous lui donnent un éclairage particulier.

ÉLÉMENTS DE BIBLIOGRAPHIE

Sur le genre littéraire

– Roger Guichemerre, *La Comédie classique en France* (PUF, « Que sais-je ? », 1978).

Sur Molière, sa vie et son œuvre

– René Jasinski, *Molière* (Hatier, 1969).
– Jean-Pierre Collinet, *Lectures de Molière* (A. Colin, 1974).
– Georges Defaux, *Molière ou les métamorphoses du comique* (Lexington, 1980).
– Gabriel Conesa, *Le Dialogue moliéresque* (PUF, 1983).
– Alain Couprie, *Molière* (A. Colin, 1992).

Sur « Tartuffe » : études d'ensemble

– Francis Baumal, *Molière et les dévots* (Paris, 1919).
– Jacques Scherer, *Structures de Tartuffe* (Sedes, 1966).
– Gérard Ferreyrolles, *Tartuffe* (PUF, 1987).

Sur « Tartuffe » : articles importants

– Georges Couton, « Réflexions sur *Tartuffe* et le péché d'hypocrisie, " cas réservé " », *Revue d'Histoire littéraire de la France* (1969, p. 404-413).
– René Picard, « Tartuffe, production impie » dans *Mélanges Lebègue* (Nizet, 1969, p. 227-239).
– John Cairncross, « Molière hypocrite », *Revue d'Histoire littéraire de la France* (1972).
– Robert Horville, « La cohérence des dénouements de *Tartuffe*, de *Dom Juan* et du *Misanthrope* », *Revue de la Société d'histoire du théâtre* (1974, p. 240-245).

INDEX DES THÈMES ET DES NOTIONS

PROFIL LITTÉRATURE

Imprimé en France par l'Imprimerie Hérissey - 27000 Évreux
N° d'édition : 15692 - N° d'impression : 75134 - Dépôt légal : Janvier 1996